O'r Pwll Glo i Princeton

Bywyd a Gwaith R.S.Thomas, Abercynon, 1844-1923

gan

D.Densil Morgan

Canolfan Uwchefrydiau Crefydd yng Nghymru
Prifysgol Cymru
Bangor
2005

h. D.Densil Morgan

ISBN 1-90485-30-4

Cyhoeddwyd gan y Ganolfan Uwchefrydiau Crefydd yng Nghymru
Prifysgol Cymru, Bangor

Argraffwyd yng Nghymru
gan Wasg y Bwthyn, Lôn Ddewi, Caernarfon, Gwynedd

O'r Pwll Glo i Princeton
Bywyd a Gwaith R.S.Thomas, Abercynon, 1844-1923

Y Parch. R. S. Thomas, Abercynon

I
John a Mair Heywood Thomas

CYNNWYS

Rhagair i
Pennod 1. O Aberaman i Pennsylvania 1
Pennod 2. Gwirionedd y Gair 25
Pennod 3. Person y Mab 43
Pennod 4. Y Calfinydd anghalfinaidd 67
Pennod 5. Tynnu tua therfyn y daith 94
Mynegai 107

MYNEGAI I'R LLUNIAU

R.S.Thomas ....blaenddalen
William Roberts, Bellevue 6
Athrofa Princeton, c.1850 16
Athrawon Athrofa Princeton, 1877 18
Llewelyn Ioan Evans 30
Thomas Charles Edwards.. 45
Blaenddalen *Undod Personol y Duw-Ddyn* 50
Blaenddalen *Cyfiawnhad Trwy Ffydd*.......................... 68
Blaenddalen *Yr Iawn* 76
Benjamin B.Warfield.. 86
Cyflwyniad R.S.Thomas i gopi Athrofa Princeton o *Adolygiad ar
'Paul yng Ngoleuni Iesu'*....................................... 90
Y garreg fedd ym mynwent gyhoeddus Aberdâr 103

Rhagair

Mae'r gyfrol hon yn ffrwyth cyfnod sabothol a dreuliais yn Athrofa Princeton, New Jersey, yn 2001 ar drywydd rhai o'r Cymry a astudiodd yn yr Unol Daleithiau yn y bedwaredd ganrif ar bymtheg. Fy ngobaith i yw y daw'n rhan o astudiaeth ehangach o grefydd a chymdeithas yng Nghymru a'r tu hwnt rhwng oddeutu 1825 ac 1890. Gwnaeth ysgolheigion megis W.D.('Bil') Davies, Aled Jones, Anne Kelly Knowles, Huw Walters ac yn fwy diweddar Jerry Hunter a Daniel Williams lawer i'n hatgoffa o fwrlwm bywyd Cymraeg a Chymreig yr Unol Daleithiau ganrif a mwy yn ôl. Os y bywyd cymdeithasol, economaidd, llenyddol a newyddiadurol yw maes ymchwil y cyfeillion uchod, un o amcanion yr astudiaeth hon yw dangos pa mor egnïol oedd y bywyd deallusol a ffynnai ymhlith y capelwyr a groesod yr Iwerydd i ymestyn ffiniau'r Ymneilltuaeth Gymraeg yn nyddiau'i blodau. Erys mwy o waith i'w wneud ar hanes crefydd y Gymru Americanaidd.

Cyfraniad i hanes y meddwl Cristionogol yng Nghymru yw'r gyfrol ar ei hyd. Yn R.S.Thomas, Abercynon, cafwyd enghraifft ddisglair o'r meddwl diwinyddol ar waith. Roedd yn ddyn a ymhyfrydai yn holl ganghennau 'brenhines y gwyddorau', a mynnai wneud i'w ddarllenwyr feddwl yn galed. Os oedd hynny'n her ar drothwy'r ganrif o'r blaen, mae'n fwy byth o her yn y Gymru seciwlar newydd. Ond i'r sawl sy'n dyfalbarhau, mae yma gyfoeth dihysbydd sy'n barod i gael ei ildio. Gobeithio caiff darllenwyr gymaint o flas ag a gafodd yr awdur wrth ymlafnio gyda'r gwaith.

Mae fy nyled yn fawr i nifer o bobl. Y Parchg Ddr E.Stanley John a ddeffrôdd fy niddordeb yn R.S.Thomas gyntaf yn ei ddarlithoedd ysblennydd ar Athrawiaeth Gristionogol yng Ngholeg Bala-Bangor rhwng 1977 a 1979. 'Bliss was it in that dawn to be alive, and to be young was very heaven'! Chwarter canrif a mwy yn ddiweddarach caniataodd yr Academi Brydeinig grant i mi deithio tramor ar drywydd y diwinydd o Gwm Cynon. Dyledwr wyf i'r Academi ac i Lywydd Athrofa Princeton ar y pryd, Dr Thomas W.Gillespie, am fy mhenodi'n

Gymrawd Gwadd am semester yr hydref 2001. O blith llawer a'm cynorthwyodd, rhaid diolch yn neilltuol i'r Parchg William O.Harris, ceidwad yr archifau, am garedigrwydd y tu hwnt i'r disgwyl. Ar ochr hon yr Iwerydd, roedd Mr Leslie Davies, hanesydd Aberdâr a'r cylch, yn ddigrintach ei gymorth mewn ymgais (ofer, ysywaeth) i ddod o hyd i wybodaeth leol am R.S.Thomas a'i bapurau coll.

Mentrodd June Jones, R. Maldwyn Thomas a'u staff yng Ngwasg y Bwthyn ymgymryd â'r argraffu, ac rwy'n ddyledus iddynt am hynny, tra chaniatodd swyddogion y Ganolfan Uwchefrydiau Crefydd yng Nghymru, sef fy nghydweithwyr y Dr Robert Pope a'r Dr Geraint Tudur, ymoro! am y cyhoeddi. Onibai am haelioni'r Academi Brydeinig a'r Ganolfan Uwchefrydiau, ni fyddai'r gwaith fod wedi gweld golau dydd. Ymgymrodd cymwynaswr arall, yr Athro Brynley F.Roberts, â'r dasg o ddarllen y deipysgrif. Hidlodd wallau a chynigiodd awgrymiadau gwerthfawr. Ymddangosodd peth o'r gwaith ar ffurf ysgrifau yng *Nghylchgrawn Hanes Eglwys Bresbyteraidd Cymru*, y *Journal for Presbyterian History*, y *Journal of Welsh Religious History* a'r *Traethodydd* ac rwy'n wirioneddol ddiolchgar i'r golygyddion am ganiatau i mi ail-gynhyrchu'r deunydd yn y ffurf hwn.

Cyflwynaf y gwaith i ddiwinydd mawr arall o Gymro a fu'n astudio yn yr Unol Daleithiau, sef yr Athro John Heywood Thomas, a Mair, ei wraig, a hynny am eu cefnogaeth gyson dros y degawd a hanner diwethaf.

D.Densil Morgan
Gŵyl y Dyrchafael 2005

Pennod 1
O Aberaman i Pensylvania

Yn y blynyddoedd rhwng Lewis Edwards o'r Bala (1809-87) a J.Cynddylan Jones (1840-1930), breintiwyd Cymru â chenhedlaeth o feddylwyr crefyddol nad ydym eto wedi iawn ystyried eu cyfraniad na llwyr sylweddoli eu gwerth, ond nid oedd neb mwy yn eu plith na'r diwinydd o Abercynon, R.S.Thomas. Dywedwyd amdano adeg ei farw, 'Ni bu gwell ysgrythurwr na diogelach ddiwinydd ym mhulpud Morgannwg',[1] ond roedd rhai, hyd un oed y pryd hynny, yn sylweddoli fod iddo arbenigrwydd amgenach nag arbenigrwydd ardal ac athrylith na ellid mo'i chyfyngu oddi mewn i derfynau sir. 'Nid wyf am ddweud mai Mr.Thomas oedd y meddyliwr cryfaf yn y Cyfundeb Methodistaidd', meddai Cynddylan Jones, 'ond dywedaf yn hyf mai efe oedd yn meddu y wybodaeth helaethaf a manylaf o ddiwinyddiaeth o bawb a adnabum'.[2] Pan fu farw yn 1923 y ddiwinyddiaeth ryddfrydol oedd yn cipio dychymyg ac ymlyniad y to a oedd yn codi, ac nid tan yr adfywiad efengylaidd hanner canrif a mwy yn ddiweddarach y daethpwyd i weld ei fawredd a thafoli ei arwyddocâd.[3]

> Nid oedd amddiffynnwr galluocach gan Galfiniaeth yng Nghymru nag R.S.Thomas. Dylid rhoi lle anrhydeddus iddo yn oriel diwinyddion Cymru, yn yr un dosbarth â George Lewis, John Jenkins, Lewis Edwards a Miall Edwards. Yr oedd holl adnoddau dogmatydd meistrolgar ganddo – catholigrwydd diddordeb, gwybodaeth drylwyr o'r maes, llygaid eryraidd i ganfod man gwan safbwyntiau a feirniadai,

---

[1] W.M.Davies, 'Y diweddar Barch. R.S.Thomas, Abercynon', Y Goleuad, 13 Mehefin 1923, 4.

[2] Dyfynnwyd gan J.R.Evans yn ei deyrnged i Thomas, Blwyddiadur y Methodistiaid Calfinaidd 1924 (Caernarfon, 1924), t. 308.

[3] Gw. Noel Gibbard, 'R.S.Thomas, Abercynon', Y Bwletin Diwinyddol 2 (Awst, 1978), tt.7-13; R.M.Jones, Llenyddiaeth Gymraeg 1902-36 (Cyhoeddiadau Barddas, 1987), tt.503-4; Clifford Smith Williams, 'Aspects of the atonement in the thought of R.S.Thomas, Abercynon', traethawd M.A. anghyhoeddedig, Prifysgol Cymru Bangor, 1993.

tegwch meddwl wrth grynhoi athrawiaethau gwahanol feddylwyr, ac angerdd ysbrydol.[4]

Yr hyn sy'n ychwanegu at ei arbenigwydd yw iddo gael ei hyfforddi nid yng Nghymru nac wrth draed dysgawdwyr ei gyfundeb ei hun, ond yn Athrofa Princeton, New Jersey, y cadarnle mwyaf pwerus i Galfiniaeth yng ngwledydd y gorllewin ar y pryd. Fel disgybl ffyddlon (er yn annibynnol ei farn) i Charles Hodge ac Archibald Alexander Hodge, ef, yn anad neb, a gynrychiolai 'Ddiwinyddiaeth Princeton' yng Nghymru. Ymgais fydd yr astudiaeth hon i dafoli ei gyfraniad i grefydd ei gyfnod a thrwy hynny fesur dylanwad Princeton ar y meddwl Cymreig.

Y diwinydd wrth y talcen glo

Ganed Rowland Sawil Thomas yn Llansawel, Sir Gaerfyrddin, 24 Ebrill 1844, yn fab i Thomas Thomas a Margaret (née Richards), ei wraig. Roedd y teulu yn perthyn i gyfundeb y Methodistiaid Calfinaidd a phan fu iddynt symud i Aberaman, Aberdâr, yn oddeutu 1847, dyma hwy yn ymaelodi yng nghapel Libanus o dan fugeiliaeth y Parchg Thomas Rees, Ffynnon Taf yn ddiweddarach. Yn ôl nodyn yn *Y Goleuad* adeg ei farw, bu Rowland 'yn fachgen gostyngedig ac ufudd i'w rieni' ac os dylanwadodd Thomas Rees, ei weinidog, arno'n fawr, roedd ôl ei fam (a fu farw yn Awst 1884 yn 66 oed) arno'n fwy.[5] Ac yntau wedi'i fedyddio yn blentyn yn Llansawel, gwnaeth broffes gyhoeddus o'i ffydd yn 17 oed a'r pryd hynny, yng nghapel Libanus, y derbyniwyd ef yn gyflawn aelod eglwysig.

Erbyn hynny roedd wedi bod yn gweithio dan ddaear ers cymaint ag wyth mlynedd. Ar wahân i gyfnod byr yn 1846 pan ymrestrodd yn ddisgybl yn ysgol Dr Evan Davies, Abertawe, ac yna, yn ddiweddarach, yn ysgol y Parchg Evan Williams MA ym Merthyr Tudful, ni chafodd ddim addysg ffurfiol erioed, ac oherwydd cyfyngiadau ariannol bu'n rhaid iddo ddychwelyd i'r

---

[4] R.Tudur Jones, *Ffydd ac Argyfwng Cenedl: Cristionogaeth a Diwylliant yng Nghymru, 1890-1914*, Cyf.2 (Abertawe, 1982), t.58

[5] Davies, 'Y diweddar Barch. R.S.Thomas, Abercynon', 4.

gwaith glo ymhen wyth mis. Erbyn hynny roedd yn 25 oed. Mewn gohebiaeth ag awdurdodau Athrofa Princeton, meddai: 'I never entered college. I commenced working underground before I was fully nine years of age ... I worked in the mines in Wales from 1853 until 1869, and in Pennsylvania from 1869 to 1879'.[6] Ar 29 Rhagfyr 1868, ychydig fisoedd cyn ymadael am America, priododd â hen gydnabod teulu o Lansawel, sef Margaret, merch John William Evans o Dalyllychau. Byddai'r Margaret hon yn gefn ac yn ymgeledd iddo am yr hanner canrif nesaf.

Fel cynifer o bobl cylch Aberdâr ar y pryd, ymfudodd yn Ebrill 1869 er mwyn gweithio yng nglofeydd Pennsylvania. Roedd ef a'i wraig ymhlith y miloedd a wnaeth Scranton yn Lackwana County a Wilkes-Barre yn Luzerne County yn ymyl, yn gyrchfan hynod boblogaidd ar gyfer glowyr de Cymru a'u teuluoedd. Os i baith eang ardal Lima yn Ohio yr anelodd amaethwyr Sir Drefaldwyn ac i fryniau ffrwythlon Oak Hill, yn neheubarth yr un dalaith, yr aeth ffermwyr Ceredigion, i Scranton a Wilkes-Barre (ymhlith lleoedd eraill) yr aeth glowyr y De.[7] Boed yn yr ardaloedd gwledig neu yn y diwydiannau trymion, roedd America yn cynnig byd newydd a chyfleoedd gwychion na allai pobl gartref ond breuddwydio amdanynt. Roedd sgiliau uwchraddol y glöwr o Gymro yn medru denu cyflog anrhydeddus iddo ym maes glo carreg helaeth Pennsylvania, ac erbyn 1870 roedd yn ninas Scranton, ymhlith poblogaeth gymysg o Wyddelod, Saeson, Almaenwyr heb sôn am yr Americanwyr hwythau, tuag 20,000 o Gymry,[8] sef y boblogaeth ddwysaf o Gymry mewn unman y tu allan i Brydain Fawr: 'During the second half of the nineteenth century ... there came into existence in Scranton a Welsh presence whose strength was unmatched elsewhere in the United States'.[9]

Oherwydd ei fedrau proffesiynol gallai'r glöwr – o'i gymharu â'r labrwr tan ddaear –fod wedi gorffen ei shifft ar ôl

---

[6] Ffeil R S Thomas, Llyfrgell Speer, Athrofa Ddiwinyddol Princeton, gohebiaeth 1894 a 1907.

[7] Am gyrchfannau'r Cymry a disgrifiadau bywiog a manwl o gymunedau Cymreig yr Unol Daliethiau ar y pryd, gw. R.D.Thomas, 'Iorthyn Gwynedd', *Hanes Cymry America: a'u sefydliadau, eu heglwysi a'u gweinidogion* (Utica, Efrog Newydd, 1872), *passim*

[8] W.D.Davies (Scranton), *America a Gweledigaethau Bywyd*, 3ydd arg. (Merthyr Tudful, 1897), t.75.

[9] W.D.Jones, *Wales in America: Scranton and the Welsh, 1860-1920* (Cardiff, 1993), t.26.

chwech awr o waith a threulio gweddill y diwrnod yn hamddena neu yn ei ddiwyllio'i hun. Ac erbyn 1870 roedd yn Scranton, Wilkes-Barre a threfi cylchynnol megis Jermyn, Olyphant, Plymouth a Nanticoke, ddigonedd o gyfle i wneud hynny, a hynny yn Gymraeg.[10] Ymestyniad ar y Gymru Victoraidd oedd y cymunedau hyn ac yn gyforiog o'r diwylliant eisteddfodol gyda'i gorau a'i gymdeithasau llenyddol, heb sôn am ei gapeli Ymneilltuol a'r bwrlwm o weithgareddau a oedd yn digwydd o dan eu nawdd; i ganol y prysurdeb gwenynnaidd hwn y daeth Rowland a Margaret Thomas.

Ymgartrefent yn Bellevue, tua milltir o ganol dinas Scranton a heb fod nepell o ganolbwynt y bywyd Cymreig yn Hyde Park. Roedd ymhlith eu cymdogion gymaint â 50 o feirdd, yn eu plith Ieuan Ddu, Irlwyn, Y Bardd Coch, Gwentyddfardd, Gwyneddfardd, Ednyfed, Harri Ddu a'r mwyaf diwyd ohonynt oll, sef Dewi Cwmtwrch. Os canu fyddai'u diléit, roedd gan bob capel ei gôr a phob enwad ei gymanfa ganu ac ymhlith eu hunawdwyr o fri roedd Llew Herbert ac Eos Cynon. Roedd gan Gymdeithas yr Iforiaid gangen yn y ddinas; byddai pobl yn tyrru i gyfarfodydd y Gymdeithas Athronyddol Gymraeg lle cynhelid darlithoedd ac ymrysonfeydd ar bob math o bynciau dan haul, tra cynigiai y wasg leol lwyfan parod ar gyfer cynnyrch llenyddol yr ymfudwyr newydd. Er mai byrhoedlog oedd rhawd papurau megis *Baner America*, *Tarian y Bobl*, *Baner y Gweithiwr*, *Yr Ymwelydd* a'r *Ford Gron* a argraffwyd yn Scranton ei hun, roedd *Y Drych Americanaidd*, *Y Cenhadwr Americanaidd*, sef cylchgrawn i'r Annibynwyr (a gynhyrchwyd yn Utica, Talaith Efrog Newydd), a'r *Cyfaill o'r Hen Wlad* ar gyfer y Methodistiaid Calfinaidd (a barhaodd i ymddangos o fan cyhoeddi yn Scranton), yn sefydliadau mwy parhaol.

Rhwng popeth, roedd Scranton, Wilkes-Barre a'r trefi eraill yn ddrych o'r Gymru Victoraidd ac yn atgynhyrchu yng ngogledd Pennsylvania holl egnioedd y cymoedd diwydiannol ar y pryd. 'There is no class of people who place a higher estimate upon the advantages of intellectual culture than the Welsh', meddai adroddiad ym mhapur lleol Scranton, *The*

---

[10] Gw. Davies, *America a Gweledigaethau Bywyd*, tt.75-80.

Morning Republican yn 1875, 'and however limited the opportunities of a community composed of its nationality, it will abound in organizations and societies for music, literature, orartory and the lesser sciences. They are a reading people and one who has not mastered English is a rarity'.[11] Nodweddion y grefydd Ymneilltuol oedd y rhain wrth gwrs, ac i'r diwylliant hwnnw y byddai R.S.Thomas yn cyfrannu'n helaeth maes o law.

Methodistiaid Calfinaidd oedd Rowland a Margaret Thomas o ran magwraeth, naws eu duwioldeb a chadernid eu hargyhoeddiad, ac nid hwy oedd yr unig rai o'u bath yn y fro. Roedd gwreiddiau Methodistiaeth Galfinaidd Gymraeg Pennsylvania yn ardal Carbondale yng ngogledd-ddwyrain y dalaith nid nepell o'r ffin â thaleithiau Efrog Newydd a New Jersey. I'r fan honno y daeth cwmni o Gymry yn 1830 ac yn eu plith John Davies (1783-1866), brodor o Fôn-y-maen, plwyf Llansamlet, Abertawe, ac aelod yng Nghapel y Cwm. Er yn bregethwr rheolaidd gyda'i gyfundeb nid oedd yn weinidog ordeiniedig, a buan iawn y pwyswyd arno gan aelodau'r seiat i geisio urddau er mwyn gweinyddu bedydd a Swper yr Arglwydd yn eu plith. Gwnaed hynny yng Nghymanfa Utica, Efrog Newydd, ar 28 Medi 1832, ac fel John Davies, Blakely – sef pentref tua saith milltir i'r de o Carbondale – y daethpwyd i'w adnabod. Fel bugail, efengylydd a sefydlydd eglwysi, ef a ystyrrid yn sylfaenydd Methodistiaeth Galfinaidd y cylch.[12]

Erbyn 1870 roedd gan Gymanfa Gogledd Pennsylvania ddeg eglwys yn ymestyn o Carbondale yn y gogledd-ddwyrain hyd at Plymouth, i'r gogledd o Wilkes-Barre, oddeutu deng milltir ar hugain i'r de. Rhwng hynny a 1892, pan fyddai R.S.Thomas yn gadael yr Unol Daleithiau er mwyn dychwelyd i Gymru, byddai deg arall yn cael eu sefydlu. Ac yn eglwys Bellevue yr ymaelododd ef a'i wraig. Y gweinidog ar y pryd oedd William Roberts, brodor o Ynys Môn, cyfaill i John Elias, golygydd *Y Traethodydd yn America* ac ers blynyddoedd yn un o arweinyddion pennaf Methodistiaid Cymraeg yr Unol Daleith-

[11] *Scranton Morning Republican*, 10 Mehefin 1875; dyfynwyd gan W.D.Jones, *Wales in America*, tt.104-5.
[12] Gw. Hugh Davies, *Hanes Cymanfa Dwyreinbarth Pennsylvania, 1845-96* (Utica, Efrog Newydd, 1898), tt.201-7.

iau. (Daeth ei fab, William Henry Roberts, yn athro coleg diwinyddol ac yn Ysgrifennydd Cymanfa Gyffredinol Eglwys Bresbyteraidd Unol Daleithiau America yn ddiweddarach). 'Gan fod yn yr eglwys a'r gynulleidfa amryw ddynion ieuainc o duedd ddarllengar a llenyddol', meddai ei gofiannydd, 'trefnwyd Cymdeithas Lenyddol Gymreig ar eu cyfer, yr hon a brofodd yn fendithiol ac yn llwyddianus iawn'.[13]

William Rowlands, Bellevue

Ymhen dim o dro roedd y glöwr 25 oed o Aberaman nid yn unig yn mynychu ei chyfarfodydd ond yn cyfrannu at ei rhaglen.

Blaenffrwyth ei gynnych

Blaenffrwyth ei gynnyrch oedd yr ysgrif 'Rhinwedd' a draddodwyd fel papur yn y gymdeithas ar 17 Tachwedd 1869, chwe mis ar ôl iddo gyrraedd y wlad, ac a ymddangosodd ar dudalennau *Y Cyfaill o'r Hen Wlad*. Mae'n debyg mai William Roberts, ei weinidog, a'i cymhellodd i'w chyhoeddi, ac ef - a fyddai'n cael ei benodi yn olygydd *Y Cyfaill* ymhen ychydig fisoedd - a wnaeth fwy na neb i'w annog fel llenor ac fel pregethwr o hynny ymlaen. Ymdriniaeth gymharol ydoedd â'r cysyniad o rinwedd yng nghyfundrefnau iwtalitaraidd Jeremy Bentham a William Paley, sythwelediaethol yr Esgob Butler, Ralph Cudworth a Phlatoniaid Caer-grawnt, ac athroniaeth teimlad Wardlow ac Adam Smith: 'Dysgai y rhai hyn fod rhinwedd yn ansawdd na wyddom ni ddim am dani fel y mae ynddi ei hun, ond yn ôl y teimlad y mae yn ei gynhyrchu ynom

---

[13] Edward C.Evans, *Cofiant a Phregethau y Diweddar Barchedig William Roberts DD, Utica, NY* (Utica, Efrog Newydd, 1890), t.80.

pan y byddo yn dyfod i gyffyrddiad â'r meddwl'.[14] Gesyd y cwbl yng ngoleuni'r Testament Newydd a myn fod pob cyfundrefn foesegol yn annigonol oni rydd le i'r datguddiad yn yr ysgrythur fel ffynhonnell ein gwybodaeth am dda a drwg. Er yn dibynnu, o reidrwydd, ar ffynonellau eilradd, mae'n ysgrif wybodus a galluog ac yn gryn ryfeddod o ystyried fod ei hawdur yn löwr na chafodd odid wyth mis o addysg ffurfiol erioed. Dengys fod Thomas wedi'i gyfareddu eisoes â materion y meddwl, a chanddo'r potensial, os nad eto y gallu datblygedig, i dafoli syniadau digon astrus. Roedd yr amser hamdden ar ddiwedd pob shifft yng nglofa Bellevue wedi rhoi'r cyfle iddo i feithrin y diddordeb hwn.

Er mai teitl ymarferol a roes i'w ysgrif nesaf, sef 'Dyledswydd yr eglwys tuag at yr Ysgol Sabbothol', y mae ar y mwyaf o resymu theoretig yma hefyd. Mae dyn, meddai, yn fod moesol. Gŵyr hyn o du ei reswm ei hun. Fel bod moesol mae arno rwymedigaeth i Dduw ac i'w gyd-ddyn. Gŵyr hefyd mai bod cymdeithasol ydyw: 'Y mae mor amlwg, oddi wrth ein cyfansoddiad anianyddol a moesol, ein bod wedi ein creu i fod yn greaduriaid cymdeithasol, mor wirioneddol ag yr ydym wedi ein creu yn greaduriaid unigol'.[15] Mae i'r eglwys hithau ei gwedd unigol a'i gwedd gymdeithasol. Ni chaiff neb fynediad iddi hi ond trwy ymateb yn bersonol i'r alwad efengylaidd: 'Nid galw yr eglwys fel corff o gredinwyr a wnaeth, ac a wna, Dduw, ond galw pob person yn unigol ar ei ben ei hun, ac nid yw yr eglwys ond y cydgynulliad o wrthrychau y cyfryw alwad' (t.49). Ond wedi dod ynghyd, mae'r eglwys yn bod yn y byd er mwyn gwasanaethu Duw yno. Mae'n gwneud hyn trwy achub eneidiau a thrwy ogoneddu enw'r Arglwydd ymhlith plant dynion, ac un o'r pennaf gyfryngau i wneud hynny yw trwy'r Ysgol Sul: 'Yr ydym yn gostyngedig gredu mai un o'r moddion mwyaf effeithiol y mae yr eglwys wedi darganfod [i adeiladu'i hun ac i achub eraill], o amser Adda hyd yn bresennol, yw yr Ysgol Sabbothol, ac yn neilltuol ei ffurf Gymreig' (t.50). Er mai anogaeth ymarferol i gefnogi gweithgareddau'r sefydliad

---

[14] Rowland S.Thomas, 'Rhinwedd', *Y Cyfaill o'r Hen Wlad* 33 (1870), tt.19-21 [21].

[15] R.S.Thomas, 'Dyledswydd yr Eglwys tuag at yr Ysgol Sabbothol', *Y Cyfaill o'r Hen Wlad* 34 (1871), tt.48-51 [49].

hwnnw sydd ganddo, rhesymu, dadansoddi a dadelfennu a wna, sy'n dangos y math feddwl a feddai'r gŵr ifanc o Bellevue.

Cyfatebiaeth Butler oedd pwnc traethawd nesaf R.S.Thomas a hynny mewn ymateb i gystadleuaeth a gynhaliwyd ar dudalennau'r *Cyfaill o'r Hen Wlad*, Tachwedd 1872, yn gofyn i ddarllenwyr ateb cwestiynau ar gynnwys cyfrol helaeth yr Esgob Joseph Butler (1692-1752) *The Analogy of Religion*. Dengys atebion Thomas iddo fod yn gyfarwydd nid yn unig â gwaith Butler ond â syniadau Locke, Hume, Spinoza a Jonathan Edwards ac â darlithoedd Bampton Henry Longueville Mansel ar grefydd naturiol gerbron Prifysgol Rhydychen yn 1858. Roedd Mansel, fel Immanuel Kant, yn mynnu bod gwahaniaeth rhwng realiti gwrthrychol a chanfyddiad dyn ohono, 'tra y mae nerth a chadernid dadl Butler yn sylfaenedig ar y ffaith ein bod yn canfod gwirioneddau fel y maent ac nid fel y maent yn ymddangos, nac ychwaith fel y maent yn cael eu harweddu gan ffurfiau cyfansoddedig y meddwl dynol'.[16] Roedd y farn hon yn gweddu'n berffaith â'r math realaeth-synnwyr-cyffredin a oedd yn rhagdybiaeth athronyddol diwinyddion Athrofa Bresbyteraidd Princeton ble byddai Thomas yn astudio maes o law.

Felly hefyd y ddealltwriaeth o natur y Beibl y bu'n sôn amdano nesaf ar dudalennau'r *Cyfaill o'r Hen Wlad.* Fel Rowland S.Thomas, Moosic, yr arwyddodd ei enw y tro hwn, ac mae'n bur debyg iddo ef a'i wraig symud i ardal Moosic, a oedd eto o fewn terfynau Scranton, er mwyn gweithio yn y lofa yno. 'Darllenwyd y papyr hwn o flaen cymdeithas lenyddol feiblaidd Moosic, a chyhoeddir ef yn *Y Cyfaill* trwy benderfyniad y cyfryw', meddid. 'Ysbrydoliaeth geiriol y Beibl' oedd ei bwnc, a mynn ddilyn y diwinydd Presbyteraidd A.A.Hodge trwy fynnu fod yr ysbrydoliaeth ddwyfol yn ymestyn i bob rhan o'r Ysgrythur gan sicrhau cywirdeb iddo ym mhob peth:

> Ysbrydoliaeth a olyga y dylanwad dwyfol hwnnw oedd yn cynhyrfu yr ysgrifenwyr sanctaidd, ac yn eu cyfarwyddo at yr hyn a

---

[16] R.S.Thomas, 'Cyfatebiaeth Butler', *Y Cyfaill o'r Hen Wlad* 36 (1873), tt.114-6, 152-4, 228-30, 429-32 [153].

ysgrifenent, er sicrhau bywyd, nerth, ynni, newydd-deb ac anffaeledigrwydd ym mhob peth a hysbysent tra o dan effaith y dylanwad; eto heb ormesu ar ryddid ewyllys yr ysgrifenwyr, fel ag i atal gweithredoedd eu galluoedd naturiol.[17]

Ar y naill law mynn fod Duw wedi goruchwylio ysgrifennu'r Beibl ym mhob gwedd ohono, ac ar y llall fod gan yr awduron dynol ryddid ewyllys ym mhob dim. Byddai'r ddeuoliaeth hon yn creu nid ychydig o densiwn yn y trafodaethau ar natur yr Ysgrythur a fyddai'n digwydd yng Nghymru, ac yn fwyaf arbennig yn America, yn y blynyddoedd i ddod, ond roedd yn un y byddai Thomas yn glynu wrtho ar hyd ei oes. Er y byddai'n gŵyro'n bur bell oddi wrth safbwynt ei athrawon yn Princeton mewn rhai pethau, arhosodd yn gwbl deyrngar i'w dehongliad o natur ysbrydoliaeth y Gair.

Rhesymu'n ddidwythol a wna Thomas yn yr ysgrif gynnar hon, o'i ddealltwriaeth neilltuol o Dduw at destun yr ysgrythur ei hun. Yr unig ddwy adnod y cyfeiria atynt yw 2 Timotheus 3:16 (neu ran ohoni) 'Yr holl ysgrythur sydd wedi ei rhoddi gan ysbrydoliaeth Duw', a 2 Pedr 1:21, 'Dynion sanctaidd Duw a lefarasant megis y cynhyrfwyd hwy gan yr Ysbryd Glân'. Un perffaith yw Duw, a chan fod perffeithrwydd yn perthyn i'w hanfod, ni allai'r datguddiad ohono'i hun lai na bod yn berffaith ychwaith. Golyga hyn fod y geiriau a ddefnyddiwyd gan yr awduron o dan gynhyrfiad yr Ysbryd yn cyfrannu yn yr un perffeithrwydd hwnnw ac yn cyfeirio at wirioneddau hanesyddol diymwad. A'r sail adnodol a ddefnyddiodd i gefnogi'r dybiaeth hon oedd y ddau gyfeiriad uchod. 'Fel un sy'n credu yn ddiysgog yng *nghyflawn* ysbrydoliaeth y Beibl, nid yn unig o ran ei syniadau a'i ffeithiau, ond hefyd o ran mynegiant'(t.159), meddai, ni allai lai na thynnu casgliad o'r fath. 'Oddi wrth natur ac amcan ysbrydoliaeth, gellir ffurfio dadl *a priori* o blaid ysbrydoliaeth geiriol', meddai. 'Nid oedd yn bosibl trosglwyddo cenadwri *anffaeledig* ond mewn iaith *anffaeledig*'; roedd y canlyniad rhesymegol yn anorfod: 'yr

---

[17] Rowland S.Thomas, 'Ysbrydoliaeth geiriol y Beibl', *Y Cyfaill o'r Hen Wlad* 39 (1876), tt.155-60 [157].

oeddynt yn sefyll mewn angen am gynhorthwy Bod *anffaeledig*, yr hyn yn ddiamau a gawsant ym mherson yr Ysbryd Glân' (*ibid.*). Er iddo awgrymu rhesymau eraill dros gredu fod y Beibl yn ysbrydoledig, fel yr ymdeimlad mewnol, greddfol bod a wnelo'r credadun â rhywbeth *byw*, goddrychol, braidd, oedd y rheswm hwn a gwell ganddo gadw at wrthrychedd y farn ddidwythol. A dyna, fel y dywedwyd, oedd y farn a fyddai'n cael ei chysylltu â diwinyddion Princeton yn y blynyddoedd i ddod.

Yn wahanol i lawer iawn o'i gyfoeswyr Ymneilltuol a oedd yn ymddiddori mewn materion diwinyddol, ni fynnai Thomas gadw naill ai at gwestiynau ynghylch natur yr Ysgrythur neu at agweddau ar yr iachawdwriaeth neu Athrawiaeth yr Iawn. Prin, at ei gilydd, oedd y diddordeb mewn diwinyddiaeth hanesyddol yng Nghymru ar y pryd, a gwaith Tadau Eglwysig y canrifoedd cynnar yn anhysbys i'r rhan fwyaf. Er i'r Ymneilltuwyr (ar wahân i'r Undodiaid) fod yn unfryd unfarn o blaid y dehongliad uniongred o ystyr y ffydd, roedd ystyriaethau Cristolegol yn ddarostyngedig i gwestiynau ynghylch achubiaeth yr enaid a'r rheini, yn eu tro, yn codi'n uniongyrchol o gynnwys y Beibl ei hun. Os ceisiodd Lewis Edwards o'r Bala argyhoeddi ei gyd-Fethodistiaid mai athrawiaeth *eglwysig* oedd y Drindod, a ffurfiwyd dan amgylchiadau hanesyddol arbennig yn erbyn dehongliadau crefyddol a oedd yn tarddu, lawer ohonynt, o destun yr Ysgrythur,[18] ychydig iawn oedd yn dirnad ei bwynt. Iddynt hwy roedd y Drindod a duwdod Crist yn codi'n uniongyrchol amhroblematig o dudalennau'r Ysgrythur heb fod yn destun hir ystyriaeth gan ddiwinyddion y canrifoedd cynnar erioed. Yr hyn sy'n ddiddorol am R.S. Thomas – a chofier mai glöwr diaddysg ydoedd o hyd – yw iddo sylweddoli hyn ac ymddiddori'n ddeallus nid yn unig mewn materion beiblaidd ac iachawdwriaethol ond yn agweddau hanesyddol Athrawiaeth Person Crist yn ogystal.

Daeth hyn i'r golwg yn yr ysgrifau a gyhoeddodd, eto o Moosic, Pennsylvania, ar Gristoleg yn 1876-7. I gychwyn mae'n

---

[18] Lewis Edwards, *Traethawd ar Hanes Diwinyddiaeth y Gwahanol Oesoedd* (Wrecsam, d.d.), tt.xxxii-lxiv.

sôn am y Gnosticiaid Cerinthius a Basileides a'u dehongliad docetaidd o berson Crist, yna mae'n crybwyll y Persiaid Manes, sylfaenydd y blaid Manicheaidd y bu Awstin Fawr am beth amser yn arddel eu cred. Yna mae'n amlinellu cefndir y dadleuon a arweiniodd at ffurfio datganiad Chalcedon yn 451 OC a sefydlogodd farn yr eglwys ar Berson Crist fel un a oedd yn llwyr ddwyfol, yn llwyr ddynol ac yn un person cyflawn. Disgrifia'n daclus ac yn gywir ddysgeidiaeth Apolinaris o Laodicea, fod y Logos tragwyddol wedi disodli enaid dynol Iesu o Nasareth fel mai dim ond yn allanol ac yn ffisieolegol roedd Crist yn wir ddyn: 'Dyma yn syml yw y cyfeiliornad Apolinaraidd'.[19] 'Rhesymoliaeth oedd hanfod cyfeiliornad Apolinaris, am nad allai ddirnad y dirgelwch o undeb y ddwy natur ym mherson y Meseia, yna gwadai fod y ddwy natur yn berffaith ynddi' (t.467).

Os mynnai'r Laodiceaid fod y wedd ddwyfol wedi traflyncu'r dynol ym mherson Crist, mynnai Nestorius o Antiochia, a ddaeth yn Batriarch Caergystennin, fod y dwyfol a'r dynol megis wedi aros ar wahân a bod gan Iesu, megis, bersonoliaeth hollt: 'Wrth Nestoriaeth dëellir rhaniad y ddau berson, neu wneud Crist yn ddau berson' (ibid.). Ac yn olaf sonia am Eutyches, abad Caergystennin, nad oedd ei syniadau yn eglur i neb, ond 'bod y ddynol, yn ei hundeb â'r dwyfol, wedi ei thraws-sylweddu o fod yn ddynol i fod yn ddwyfol' (ibid.). Yr hyn sy'n bwysig am yr ymdriniaeth hon ac am grebwyll Thomas mor gynnar â hyn yw iddo sylweddoli mai ffrwyth hir fyfyrdod ac yn aml iawn wrthdaro chwerw ymhlith Cristionogion oedd athrawiaethau'r eglwys ynghylch person ei Gwaredwr ac nid pethau a oedd yn codi'n ddidrafferth ac yn eglur o dudalennau'r Testament Newydd ei hun. Er yn codi'n bennaf o waith yr hanesydd eglwysig Johann August Neander (1785-1850) roedd ei *A General History of the Christian Religion and Church* wedi ymddangos mewn gwedd Americanaidd yn yr 1840au, dengys Thomas feistrolaeth glodwiw ar ei ddefnyddiau.

---

[19] Rowland S.Thomas, 'Person Crist oddiar safle hanesiol', *Y Cyfaill o'r Hen Wlad* 39 (1876), tt.416-8, 466-8 [466].

Ar wahân i gyfres arall o ysgrifau ar berson Crist y cawn gyfle i sylwi arnynt yng nghyd-destun cyfrol ddiweddarach o'i waith,[20] lluniodd un ysgrif arall yn ystod y cyfnod hwn mae'n werth sylwi arni. 'Llenyddiaeth y Testament Newydd' yw ei theitl a Rowland S.Thomas, Plymouth, Pennsylvania, oedd ei hawdur. 'Traddodwyd yr araeth hon yng nghyfarfod cyhoeddus tri-misol Ysgol Sabothol y Methodistiaid Calfinaidd yn Plymouth, Pa., 31 Mawrth 1878'.[21] Mae'n amlwg fod Thomas wedi symud ei gartref unwaith yn rhagor. Roedd Plymouth yn ffinio â Wilkes-Barre, tua phymtheg milltir i'r gorllewin o Moosic ac eto ym maes glo gogledd Pennsylvania.

Dengys yr ysgrif hon eto feistrolaeth eang ar faterion beiblaidd trwy grynhoi gwybodaeth ffeithiol ynghylch awduraeth llyfrau'r Testament Newydd a natur eu cynnwys. Mae'n sôn am y pedair efengyl, yr Actau, epistolau Paul, Ioan a Phedr, Iago a Jwdas a Llyfr y Datguddiad, manylion eu cyfansoddi ac fel y'u rhannwyd yn benodau ac yn adnodau er hwylustod i'w darllenwyr. Yn wahanol i'w draethawd ar Gristoleg, anfeirniadol, braidd, yw'r ymdriniaeth hon. Er enghraifft, priodola'r Hebreaid i'r Apostol Paul a'r Datguddiad i Ioan yr Apostol ac nid amlygir iddo wybod y peth lleiaf am y feirniadaeth honno a awgrymai hyd yn oed yn y bedwaredd ganrif ar bymtheg nad Paul oedd awdur yr Effesiaid ac mai disgybl i Pedr yn hytrach na Phedr ei hun oedd awdur yr epistolau a briodolir iddo yn y Testament Newydd. Ond yn fuan iawn byddai'n cael cyfle i astudio'r materion hyn mewn llawer iawn mwy o fanylder nag a arddangosir yn yr ysgrifau diddorol hyn.

Y traddodiad Presbyteraidd

Un o'r trafodaethau oedd yn digwydd ymysg Methodistiaid Calfinaidd Cymraeg yr Unol Daleithiau yn chwarter olaf y bedwaredd ganrif ar bymtheg oedd natur eu perthynas â

---

[20] Rowland S.Thomas, 'Atebion i'r holiadur ar Berson Crist, oddi wrth y Parch. Ddr. Edwards, Bala', *Y Cyfaill o'r Hen Wlad* 40 (1877), tt.160-2, 169-208, 234-5, 324-6, 438-40, 474-5, *Y Cyfaill o'r Hen Wlad* 41 (1878), tt.32-3, 79-80.

[21] Rowland S.Thomas, 'Llenyddiaeth y Testament Newydd', *Y Cyfaill o'r Hen Wlad* 41 (1878), tt.255-8, 337-40.

Phresbyteriaid eu gwlad fabwysiedig. Byth ers i Lewis Edwards, o dan ddylanwad Thomas Chalmers o Gaeredin, argyhoeddi ei gyd-grefyddwyr y dylent eu huniaethu eu hunain â'r teulu Presbyteraidd, prysurai Methodistiaid Calfinaidd yr hen wlad i arddel arferion, safonau a gwerthoedd y teulu hwn. Roedd y syniad o weinidogaeth addysgedig a gynrychiolwyd gan Goleg y Bala (1837), yr awydd i godi safonau dysg pregethwyr a chynulleidfaoedd trwy gylchgronau fel Y *Traethodydd* (1845), y weinidogaeth sefydlog o'i chymharu â phregethu teithiol gynt, a sefydlu'r Gymanfa Gyffredinol yn 1864, oll yn rhan o'r symudiad hwn.

Roedd Presbyteriaeth America yn olrhain ei hanes yn ôl i 1706 pan sefydlwyd yr henaduriaeth gyntaf, yn Philadelphia. Cyfarfu'r Gymdeithasfa, neu'r Synod, gyntaf yn 1716 a chynhaliwiyd y Gymanfa Gyffredinol am y tro cyntaf yn 1788 erbyn pa bryd roedd y traddodiad wedi hen ymsefydlu a dod yn un o brif fynegiadau o Gristionogaeth y wlad. Corff sylweddol, urddasol a chymdeithasol bwerus oedd Eglwys Bresbyteraidd Taleithiau America, yn etifedd Calfiniaeth Cyffes Westminster ar y naill law a diwygiadaeth egnïol gwŷr fel Jonathan Edwards ar y llaw arall. Roedd Edwards (1703-58), a ddaeth yn Bennaeth Coleg New Jersey, sef Prifysgol Princeton, yn gyfuniad o ddisgleirdeb diwinyddol, diwylliant eang, profiadaeth efengylaidd a duwioldeb dwfn, ac erbyn y bedwaredd ganrif ar bymtheg roedd ei ysbryd wedi hydreiddio drwy'r corff i gyd.

Er i'r duedd brofiadol, ddiwygiadol eistedd yn anesmwyth ar adegau gyda'r duedd gyffesiadol, athrawiaethol ac eglwysyddol – yn wir rhannwyd yr Eglwys yn ddwy blaid yn 1837 yn cynnwys yr Hen Ysgol a ddrwgdybiai frwdaniaeth y diwygiadau, a'r Ysgol Newydd a oedd yn fwy profiad-ganolog ac unigolyddol ei bryd - daeth y ddwyblaid yn un yn 1869 dan gronglwyd Cyffes Westminster a fuasai'n safon athrawiaethol y ddwy garfan fel ei gilydd. [22] Gallai corff y Methodistiaid Calfinaidd Cymraeg, a aned yng ngwres Diwygiad Efengylaidd Howel Harris a Daniel Rowland, deimlo'n ddigon esmwyth ymhlith y Presbyteriaid hyn er bod naws eu duwioldeb, natur eu

[22] Gw. Lefferts A.Loetscher, *The Broadening Church: A Study of Theological Issues in the Presbyterian Church Since 1869* (Philadelphia, 1954), rhagarweiniad.

heglwysyddiaeth a'u safonau athrawiaethol ymdebygu fwy i ddeiliaid yr Ysgol Newydd na'r Hen.

Ac yntau o dan orchymyn ei Gymanfa Gyffredinol ei hun, cysylltodd Dr William Roberts, Bellevue, â Chymanfa Gyffredinol Eglwys Bresbyteraidd Unol Daleithiau America a gyfarfu yn Philadelphia ym Mis Mai 1870, yn amlinellu hanes ei gyfundeb, yn darlunio ei sefyllfa bresennol yn yr Unol Daleithiau ac yn mynegi ei hawydd i gynnal perthynas agosach â'r cyfundeb Americanaidd. 'We have churches and ministers in seven of the states whither the Welsh people have immigrated, viz. New York, Pennsylvania, Ohio, Illinois, Wisconsin, Minnesota and Missouri'.[23] O ran ystadegau cynhwysai hyn 138 o eglwysi, 110 o weinidogion, 7164 o gymunwyr, 5284 o wrandawyr ac 8537 o Gymry, yn oedolion ac yn blant, a fyddai'n mynychu'r ysgolion Sul.

Un ffordd ymarferol y gallai'r corff mwy gynorwytho'r cyfundeb llai oedd trwy hyfforddiant gweinidogaethol a hwyluso'r ffordd i'w bregethwyr gael eu derbyn i'r colegau diwinyddol Americanaidd. Roedd gan Bresbyteriaid America saith ohonynt: Athrofa Lanc yn Cincinnati, Ohio, Athrofa Auburn yn Nhalaith Efrog Newydd ac Athrofa Union yn y ddinas ei hun, Athrofa'r Gorllewin (Western Seminary) yn Pittsburg, Pennsylvania, Athrofa'r Gogledd Orllewin (North Western Seminary) yn Chicago, Illinois, Athrofa Danville yn Kentucky, a'r hynaf a'r mwyaf ohonynt oll, sef Athrofa Princeton yn New Jersey. Dyn ofnus a phetrus oedd Dr Roberts yn gosod ei gais ger bron. Gwyddai mai bach oedd Cymru o'i chymharu ag America fawr a bod y corff Methodistaidd Cymraeg yn y wlad yn ddibwys ac yn dlawd yn ymyl cyfundeb a chanddo bum mil o eglwysi ac aelodaeth o hanner miliwn. Ond eto, mentrodd â'i gais.

> That our candidates for the ministry shall be entitled to the same privileges as your own, without being under the necessity of becoming members of your church ... We have no college,

---

[23] 'Cynrychiolaeth y Parch. William Roberts DD â Chymanfa Gyffredinol y Presbyteriaid', *Y Cyfaill o'r Hen Wlad* 33 (1870), tt.249-50 [249].

no seminary or even preparatory school for our young men, and we prefer committing them to your care and instruction rather than to those of any other section of the church in the states (*ibid.*)

Wedi ystyriaeth briodol cydsyniodd yr Americaniaid â chais y Cymry, ac adroddwyd y trafodaethau fel hyn:

The Calvinistic Methodists, a body of Cymro-American Christians, closely in sympathy with the Presbyterian Church as respects both doctrine and polity, desire to coöperate with us in the work of education for the ministry. They propose that their candidates shall be taken under the care of the Board, on the same conditions as others, and in this case they engage to make regular contributions to the treasury of the Board. The committee believe that it would be proper and expedient for the General Assembly to yield to the request of these brethren ... The chief practical difficulty may be avoided by authorizing the Board of Education to receive candidates on the recommendation of the Synod of the Welsh brethren which corresponds to the Presbytery of our Church. [24]

Wrth ateb llythyr William Roberts, mynegodd Dr William Speer, ysgrifennydd gohebol y Bwrdd Addysg, pa mor falch oeddent o gael cydweithio fel hyn. 'The matter met with the hearty approbation of the General Assembly', meddai, ac edrychai ymlaen yn eiddgar at weld yr ymgeiswyr yn dechrau ymrestru yn yr athrofeydd. 'It gives to me personally much pleasure, as I have known many of your people in Pennsylvania, California, Minnesota and elsewhere, and greatly esteem them

---

[24] *Minutes of the General Assembly of the Presbyterian Church of the United States of America*, NS (1870) (New York, 1870), t.80

as fervent and exemplary Christians'.[25] Mawr fu'r rhyddhad, a'r llawenydd, o dderbyn gair mor gadarnhaol â hyn, ac o hynny ymlaen hyfforddwyd ymgeiswyr am y weinidogaeth o eglwysi'r Cyfundeb yn America yn athrofeydd y wlad honno.

Athrofa Princeton, c.1850

Y ddau le a ddenodd y Cymry oedd Athrofa Lane yn Cincinnati, Ohio, ac Athrofa Princeton yn New Jersey. Roedd y ffaith fod dau Gymro ar staff Athrofa Lane, sef Dr Edward Dafydd Morris, brodor o Utica a oedd â'i wreiddiau yn Sir Drefaldwyn, a Dr Llewelyn Ioan Evans, yn gryn atynfa yn enwedig i ddynion ifainc o gymunedau Cymreig Ohio a'r gorllewin. Ond roedd Princeton yn atynfa fwy. 'Gorwedda Princeton ar lechwedd ag sydd yn ymgodi'n raddol oddi wrth y New York and Philadelphia Railroad', meddai gohebydd yn *Y Cyfaill* yn 1874. 'Y mae oddeutu hanner y ffordd rhwng y ddwy dref a enwyd'.[26] Y tair rheswm am ei henwogrwydd ymhlith pobl America oedd oherwydd ei phrifysgol, ei hathrofa ddiwinyddol a'r frwydr fawr a ddigwyddodd yno yn 1777. 'Tref fechan wledig yw, amddifad o'r rhwysg masnachol a'r llaw-weithfeydd ag sydd yn nodweddu ei chwiorydd dinesig. Er hynny y mae ei dylanwad

---

[25] *Y Cyfaill o'r Hen Wlad* 33 (1870), t.250.
[26] 'Princeton', *Y Cyfaill o'r Hen Wlad* 37 (1874), tt.149-51 [149]; yr awdur oedd 'Myfyriwr', sef Edward C.Evans.

yn eang, a'i henw wedi dyfod yn air teuluaidd' (*ibid.*). Sefydlwyd y brifysgol – 'The College of New Jersey' – yn 1746, yn nhref Elizabeth i ddechrau cyn symud i Newark ac ymsefydlu yn Princeton yn 1756. Yr enwocaf o'i phrifathrawon oedd Jonathan Edwards ond yr un a wnaeth fwy na neb i sefydlu ei bri oedd John Witherspoon, sef unig weinidog yr efengyl i lofnodi Datganiad Annibyniaeth America yn 1776. 'Rhif y myfyrwyr sydd yn y coleg yn awr yw 400, a nifer yr athrawon yw 18. Fel hyn, y mae ein coleg yn awr yn sefyll yn gydradd ymhob ystyr â'r gorau yn y wlad' (t.150).

Os sefydlwyd y brifysgol yn 1746, 1812 oedd dyddiad sefydlu'r athrofa ddiwinyddol. Daeth teimlad cynyddol o du'r gweinidogion bod angen gwahanu'r addysg brifysgol yn y celfyddydau a'r gwyddorau oddi wrth hyfforddiant gyrfaol ar gyfer y rheini a gafodd eu galw i wasanaethu'r eglwysi. A dyna a wnaed. Er mai sefydliadau Presbyteraidd oedd y brifysgol a'r athrofa fel ei gilydd, roeddent yn wahanol o ran pwrpas a naws a chawsant eu rhedeg ar wahân. 'Yng nghwr gorllewinol y dref saif adeiladau yr athrofa ddiwinyddol', meddai gohebydd *Y Cyfaill*. 'Dywedir mai hon yw yr athrofa ddiwinyddol henaf, a'i bod wedi anfon allan i'r weinidogaeth fwy o ddynion ieuainc nag un athrofa arall yn y wlad' (t.150). Erbyn 1870 roedd gan yr athrofa staff o saith gydag oddeutu cant o fyfyrwyr.

Y mwyaf nodedig o'r athrawon, a'r un a ymgorfforai orau'r traddodiad hwnnw a oedd eisoes yn cael ei adnabod fel 'Diwinyddiaeth Princeton', oedd Charles Hodge (1797-1878), athro athrawiaeth Gristionogol a fyddai'n cyhoeddi ymhen dwy flynedd ei *Systematic Theology* mewn tair cyfrol drwchus yn seiliedig ar y darlithoedd y buasai'n eu traddodi i'w ddosbarthiadau er 1845. Ei gydweithwyr oedd William Henry Green a oedd yn ysgolhaig Hen Destament, Alexander Gill a ddysgai ddiwinyddiaeth ymarferol, James Moffat yn hanesydd eglwysig, Charles Aiken a ddysgai foeseg, a Caspar Wistar Hodge, brawd Charles, a drwythodd y myfyrwyr mewn Groeg a chynnwys y Testament Newydd. Roedd aelod arall o deulu Hodge, sef Archibald Alexander Hodge (1823-86), yn dysgu athrawiaeth Gristionogol yn Athrofa'r Gorllewin, Pittsburg, ar y pryd, ond byddai'n symud i Princeton yn 1877 yn gynorthwywr i'w dad ac ar ôl ei farwolaeth flwyddyn yn ddiweddarach, yn ei olynu. Ef hefyd, ynghyd â Benjamin B.Warfield (1851-1921) a raddiodd yn 1876 ac a fyddai'n ymuno â'r staff yn 1887, a fyddai'n parhau i gynrychioli i'r eglwys ac i'r byd brif deithi y pwyslais a wnaeth 'Ddiwinyddiaeth Princeton' yn ffactor mor arwyddocaol yn natblygiad Calfiniaeth yn America a'r tu hwnt.[27]

Athrawon Athrofa Princeton, 1880
O'r chwith i'r dde: A.A. Hodge, F.L.Patton, J.C.Moffat,
C.A.Aiken, Caspar Hodge, W.H.Green, W.M.Paxton

Prif nodweddion y ddiwinyddiaeth hon oedd ei Chalfiniaeth ymwybodol, awdurdod anffaeledig yr Ysgrythurau Sanctaidd fel Gair Duw, a'r rhagdybiaeth (a ddeilliai o athroniaeth realaidd neu 'synnwyr cyffredin' yr Alban) fod y rheswm dynol, o'i iawn ddefnyddio, yn medru canfod gwirionedd gwrthrychol drosto'i hun.[28] Mynegwyd yr argyhoeddiadau hyn mewn llu o erthyglau swmpus, ysgolheigaidd a dysgedig dros ben ar dudalennau *The Biblical*

---

[27] Gw. W.A.Hoffecker *Piety and the Princeton Theologians: Archibald Alaexander, Charles Hodge and B.B.Warfield* (Phillipsberg, Va., 1981), Mark A.Noll (gol.) *The Princeton Theology 1812-1921* (Grand Rapids, 1983), D.F.Wells (gol.), *Reformed Theology in America* (Grand Rapids, 1997), ynghyd â llu o erthyglau eraill ar y pwnc.
[28] Gw. E.Brooks Holifield, *Theology in America: Christian thought from the age of the Puritans to the Civil War* (Yale, 2003), tt.377-89.

Repertory and Princeton Review gan mwyaf ac, o 1880 ymlaen, yn *The Presbyterian Review*. Roedd y ffaith i athrawon Athrofa Princeton chwarae rhan mor ganolog ym mywyd yr Eglwys Bresbyteraidd trwy wasanaethu ar ei phwyllgorau ac ymddangos ar lwyfan ei Chymanfa Gyffredinol yn gymorth i ledaenu bri eu diwinyddiaeth ond yn bwysicach na dim oedd y ffaith i gynifer o ddarpar-weinidogion a hyfforddwyd yn yr Athrofa drwytho'u cynulleidfaoedd yn yr athrawiaeth a ddysgent wrth draed eu hathrawon.

> At its centennial in 1912, the seminary had enrolled over 1,000 more students than any other theological school in the United States. A total of 6,386 students studied at Princeton from [Archibald] Alexander's inaugeration to Warfield's death. Some of them became famous theologians, educators and ministers in their own right. (By 1912 the alumni included fifty-six moderators of General Assemblies and five bishops of the Protestant Episcopal Church.) Even more impressive was the steady infusion of ministers into the ongoing congregational life of the nation, minsters exposed to a powerful expression of American Calvinism, much more often its advocates as well.[29]

Ac yn eu plith roedd yna Gymry. Y Cymro cyntaf i astudio yno oedd Thomas Owen o Lanbrynmair a fu'n fyfyriwr yno rhwng 1833 ac 1836 ac er ei fagu yn Annibynnwr yn yr Hen Gapel, fe'i hordeiniwyd yn genhadwr Presbyteraidd yn Nhalaith Efrog Newydd, ac yn y cyfnod rhyngddo ef ac 1870 dilynwyd ef gan hanner dwsin o Gymry eraill.[30] Cynyddodd y rhif yn sylweddol

---

[29] Mark A.Noll, 'The Princeton Theology', yn Wells (gol.), *Reformed Theology in America*, tt.13-35 [24-5]. Archibald Alexander (1772-1851) oedd y prifathro cyntaf. Am hanes yr athrofa gw. W.K.Selden, *Princeton Theological Seminary: A Narrative History* (Princeton, 1992).

[30] Dilynwyd Thomas Owen (1805-84) gan Griffith Owen (1810-71) o dref Caerfyrddin a Roger Owen (1813-90) ei frawd, a fu'n fyfyriwyr yno yn 1837-40 ac 1839-42; Thomas Thomas (1812-1904) o Sir Gaerfyrddin a fu yno 1843-4; John Thomas (1821-1908) o Ffestiniog a fynychodd yr athrofa yn 1847-9; William Charles Roberts (1832-1903), Allt-fawr, Sir Aberteifi, a fu'n fyfyriwr yno yn 1855-8; a

o 1870 ymlaen pan agorwyd y pyrth yn swyddogol i ymgeiswyr o'r henaduriaethau Cymraeg. 'Princeton, yn ddiau, yw Bala y cyfundeb yn America', meddai Edward C.Evans yn 1878. 'Hon yn bennaf sydd yn cynrychioli yr elfen Gymreig yn y wlad. Yma y ceir y nifer fwyaf o efrydwyr Cymreig'.[31] Ymunwyd â hwy ym Mis Medi 1879 gan R.T.Jones, yn enedigol o Ben-llwyn, Ceredigion, ac R.S.Thomas a oedd erbyn hynny wedi dechrau pregethu a'i gymeradwyo ar gyfer gweinidogaeth gan Henaduriaeth Gogledd Pennsylvania o'r Gymanfa Gymraeg.[32] Roedd y staff wedi codi i naw ar y pryd gyda Chymro arall, sef William Henry Roberts MA, mab Dr William Roberts, cymwynaswr Thomas a'i weinidog yn Bellevue, Scranton, ddeng mlynedd ynghynt, yn eu plith.

Roedd Hugh Pritchard o Lerpwl, Dyffrynog Jeffreys o Merthyr Tudful a Wilkes-Barre, Pennsylvania, J.R.Jones o Gaernarfon a New Berlin, Pennsylvania, a J.Parry Roberts yn fyfyrwyr ar eu trydedd flwyddyn pan ymrestrodd R.S.Thomas ar gyfer ei ddosbarthiadau yn yr hydref 1879, tra bod Daniel Williams, Proskairon, Illinois, ac Edward C.Evans o Wrecsam ac Utica, Talaith Efrog Newydd, yn dechrau ar waith eu hail flwyddyn. (Evans oedd y disgleiriaf o blith y Cymry Americanaidd a addysgwyd yn yr athrofa; roedd ef eisoes wedi graddio yng Ngholeg New Jersey, sef Prifysgol Princeton, a threulio blwyddyn yn Rhydychen fel y Marquand Classical Fellow). Cyn i Thomas ymadael byddai Evan R.Evans o Nantcwnlle, Ceredigion, yn ymuno â'r cwmni a Hugh Hughes o Benrhoslligwy, Ynys Môn. (Deuai Hughes yn gyfaill agosaf R.S.Thomas ac yn un y byddai'n ymddiried lawer ynddo yn y blynyddoedd i ddod.[33]) Felly roedd nythiad o Gymry mewn corff o fyfyrwyr a rifai oddeutu 110.[34]

John Jones (1831-1901) o Lannerch-y-medd, Ynys Môn, 1862-5, gw. *Necrology Reports of the Princeton Theological Seminary,* 1870 ff.
[31] Edward C.Evans, 'Athrofa Princeton, New Jersey', *Y Cyfaill o'r Hen Wlad* 37 (1874), tt.302-3 [303].
[32] Gw. Hugh Davies, *Hanes Cymafa Dwyreinbarth Pennsylvania, 1845-96* , tt.172, 175. Cf. *Y Cyfaill o'r Hen Wlad* 42 (1879), t.74.
[33] Gw. R.S.Thomas, 'Y diweddar Barch. Hugh Hughes, Brynrefail, Môn', *Y Drysorfa* 79 (1909), tt.174-6.
[34] Gw. Edward Howell Roberts, *Biographical Catalogue of the Princeton Theological Seminary, 1815-1932* (Princeton, 1933), *passim.* Mae'n ddiddorol nodi mai Cymro hefyd oedd awdur y gyfrol hon!

Bu rhaid i Thomas weithio'n galed iawn. 'After working in the coal mines in Wales and Pennsylvania for 26 years', meddai yn 1912, 'I entered Princeton Seminary in September 1879, direct from Moosic, Pa., coal mines, as a Licentiate of the Welsh Calvinistic Methodist Church of Northern Pennsylvania'.[35] Ef oedd yr unig un yn ei ddosbarth heb radd prifysgol. Ar ben hynny roedd natur ei holl ddiwylliant yn Gymreig a Chymraeg a'r Saesneg yn ail iaith ganddo a'i afael arni, ar lafar beth bynnag, yn ddigon sigledig. Ond fe'i taflwyd i mewn i'r bywyd academaidd yn gwbl ddiseremoni. Trwythwyd ef mewn Groeg a Hebraeg o'r cychwyn a pharhaodd gyda'r ieithoedd beiblaidd ar hyd ei dair blynedd. Ynghyd â hynny astudiodd yn ei flwyddyn gyntaf arweiniad i'r Hen Destament ac i'r Testament Newydd, egwyddorion esboniadaeth epistolau Paul, hanes a daearyddiaeth y Beibl, athrawiaeth Gristionogol neu 'didactic theology' fel y'i gelwid yno, pregethu a llefaru cyhoeddus. Symudodd yn ei ail flwyddyn at awduraeth a chynnwys y Pumllyfr ynghyd â llyfrau hanes eraill yr Hen Destament, egwyddorion esboniadaeth yr efengylau, athrawiaeth Gristionogol gan ganoli ar anthropoleg neu'r athrawiaeth am y ddynolryw, hanes yr eglwys yn y cyfnod cynnar, egwyddorion Presbyteriaeth, moeseg ac apologeteg neu egwyddor hyrwyddo'r ffydd.

Hyd yma roedd ef wedi bod yn lletya yn y dref gydag un Mrs Shaw yn ei flwyddyn gyntaf ac mewn tŷ yn Canal Street (Alexander Street erbyn hyn), yn union gyferbyn â'r athrofa, yn ei ail flwyddyn. Symudodd i mewn i ystafell 21 Brown Hall, un o neuaddau'r athrofa, ar gyfer ei flwyddyn olaf. Byddai'n aros yn Princeton ar gyfer y tymhorau a dychwelyd adref yn ystod y gwyliau ac ar gyfer ambell benwythnos. Bu'n ddiwyd mewn gweithgareddau cyfundebol yn ystod gwyliau'r haf gan fod yn bresennol yng Nghyfarfod Dosbarth Wilkes-Barre ym Mehefin 1880, yng Nghyfarfod Dosbarth Bellevue, Scranton, yng Nghorffennaf 1881 pan etholwyd ef yn ysgrifennydd, ac yng Nghyfarfod Dosbarth Warrior Run ym Mehefin 1882.[36] Mae'n rhaid bod Margaret yn bodloni ar y cyfnodau o absenoldeb ar

[35] Ffeil R S Thomas, Llyfrgell Speer, Athrofa Ddiwinyddol Princeton, gohebiaeth 1912.
[36] Y Cyfaill o'r Hen Wlad 44 (1880), t.317; 45 (1881), tt.355-6; 46 (1882), t.316.

ran ei gŵr. Roedd eu priodas, yn ôl pob tystiolaeth, yn un hapus a'u perthynas yn un dra chadarn. Yr unig gwmwl gwirioneddol trostynt oedd iddynt golli eu plant, gymaint â chwech ohonynt, yn eu babandod tra bu iddynt fyw yn yr Unol Daleithiau.

Serch hynny mynnai Rowland Thomas roi o'i orau i'w waith. Erbyn ei flwyddyn olaf astudiodd broffwydi'r Hen Destament, Llyfr yr Actau ac epistolau Pedr, Jwdas, Iago ac Ioan, athrawiaeth Gristionogol gan ganoli ar iachawdwriaeth ac eschatoleg, hanes yr eglwys, gofal bugeiliol, addoli a mwy o foeseg ac apologeteg. Roedd hi'n addysg gyflawn a safonol a manteisiodd y Cymro arni i'r eithaf. Athrawiaeth Gristionogol oedd ei hoff bwnc a'r un a ddangosodd fwyaf o feistrolaeth arni, ac A.A.Hodge, a gymerodd drosodd oddi wrth ei dad yn 1878, oedd yr athro a edmygai fwyaf. Er i Thomas wyro beth oddi wrth Galfiniaeth drwyadl ei athrawon gan herio rhai elfennau o gredo ei fagwriaeth, sef Cyffes Ffydd y Methodistiaid Calfinaidd (1823), maes o law, byddai stamp Princeton arno ar hyd ei oes ac ef, o blith ei gyd-genedl, a fyddai ddyfnaf yn nyled yr addysg a gafodd wrth draed Hodge, Green, Aiken a'r lleill. Does dim dwywaith nad ef fyddai'n brif gynrychiolydd Diwinyddiaeth Princeton yng Nghymru a'r un a ymgorfforodd orau ei chadernid a'i nodweddion yn ystod y degawdau a oedd i ddod.

Y weinidogaeth fugeiliol

Dychwelodd R.S.Thomas i Pennsylvania ym Mehefin 1882 â'i ddiploma yn ei boced ac yn barod ar gyfer ei waith. Ond roedd ef eto heb godi galwad ac felly heb fodd i'w ordeinio'n weinidog. Etholwyd ef yn llywydd Cwrdd Dosbarth Hyde Park, Scranton, ym Mis Medi'r flwyddyn honno[37] ond nid oedd argoel eto am neb yn ei wahodd i fod â gofal eglwys. Ond cyn hir a hwyr 'Daeth cais o eglwys Taylorville yn dymuno i'r Cyfarfod Dosbarth hwyluso y ffordd i ordeinio y Parch. R.S.Thomas i gyflawn waith y weinidogaeth, gan eu bod hwy yno wedi rhoddi galwad iddo ddyfod i'w bugeilio'.[38] Sefydlwyd yr eglwys yno

[37] *Y Cyfaill o'r Hen Wlad* 45 (1882), t.432.
[38] *Y Cyfaill o'r Hen Wlad* 46 (1883), t.77.

yn 1872 pan ymadawodd cyfran o'r eglwys Annibynnol leol i ffurfio cynulleidfa ar wahân. Wedi gwneud hynny gwnaethant gais i ymuno â'r Methodistiaid Calfinaidd ac fel 'The First Calvinistic Church of Feltsville' y nodant eu bodolaeth.[39] (Roedd Feltsville yn ardal neilltuol oddi mewn i Taylorville.) Bu peth oedi yn y trefniadau, yn un peth am i'r awdurdodau henaduriaethol fod yn bur amheus o'r gangen gyn-Annibynnol hon, ac nid heb achos fel y gwelwyd yn fuan. Fodd bynnag symudwyd ymlaen gyda'r ordeinio a ddigwyddodd yng Nghymanfa Slatington yn nwyrain Pennsylvania ar 20 Hydref 1883.[40]

Bu'r gweinidog newydd yr un mor ddiwyd yn ei waith yno ag y bu yn yr athrofa ac yn yr henaduriaeth, ac nid esgeulusodd waith gydag achosion eraill chwaith. Sefydlwyd eglwys yn Moosic yn 1882 heb fod nepell o Taylorville. 'Oddeutu 1883-4 yr oedd y Parch. Rowland S.Thomas yn byw yno', meddai Hugh Davies wrth adrodd hanes y Gymanfa. 'Cof gennym fod yno yn pregethu ar noswaith waith tua'r adeg honno, ac yr oedd y capel yn llawn o wrandawyr astud a serchog'.[41] Ond os oedd y gweinidog yn ddiwyd ac ymroddgar, serch hynny, cododd broblemau rhyngddo ef a'i braidd. 'Yr oedd Mr.Thomas yn Drefnydd egwyddorol, ac yn ddirwestwr selog, ond mae yn debyg nad oedd y pethau hyn yn gymwysterau angenrheidiol yn Taylorville, ac felly ymadawodd ddiwedd 1885'.[42]

Hanes stormus oedd i'r eglwys honno o'r dechrau. Er iddi ymneilltuo oddi wrth yr Annibynwyr Cymraeg, mae'n amlwg i'r ysbryd annibynnol barhau o'i mewn. Nid hawdd oedd iddi hi ymostwng i ddisgyblaeth henaduriaethol, a chan mai Methodist o'r crud oedd Thomas a oedd newydd raddio o goleg diwinyddol Presbyteraidd mwyaf y wlad, efallai fod tensiwn yn anorfod. Mae'r cyfeiriad at ddirwest yn ei esbonio'i hun. Fodd bynnag, symudodd R.S. a Margaret i bentref Nanticoke, tua phymtheg milltir i'r de o Wilkes-Barre, i ofalu am achos y Methodistiaid Calfinaidd yno yn Ionawr 1886 a bu ef yn

---

[39] Hugh Davies, *Hanes Cymanfa Dwyreinbarth Pennsylvania, 1845-96*, t.309.
[40] Ibid., t.134; *Y Cyfaill o'r Hen Wlad* 46 (1883). t.747.
[41] Hugh Davies, *Hanes Cymanfa Dwyreinbarth Pennsylvania, 1845-96*, t.306.
[42] Ibid., t.310.

ymdrechgar i godi capel newydd a agorwyd ym Mawrth 1888. Mae'n amlwg fod pethau yn mynd yn well erbyn hynny ac i'r berthynas rhwng y bugail a'i bobl ffynnu.[43] Trwy gydol yr amser hyn brithir cofnodion y Cyfarfodydd Dosbarth, y Gymanfa (sef y gair a ddefnyddid yn Pennsylvania i ddynodi'r henaduriaeth) a'r Gymanfa Gyffredinol gan ei enw[44] 'ac am flynyddoedd [roedd] yn cymeryd rhan flaenllaw yn holl symudiadau [y cyfundeb]'.[45]

Fodd bynnag, erbyn 1889 yr oedd ef a Margaret yn ôl yng Nghymru. Ni wyddys pam y daeth yn ôl, na pham ychwaith iddo ddychwelyd i'r Unol Daleithiau erbyn 1890 a setlo y tro hwn nid yn Nanticoke ond yn ninas Shenandoah, Pennsylvania. Nid ymddengys fod ganddo ofal eglwysig yno; efallai iddo orfod ennill ei fywoliaeth dan ddaear drachefn. Ond ni chadwodd hynny ef rhag ailafael yn ei ysgrifbin a chyfrannu at y drafodaeth ddiwinyddol a oedd yn digwydd ymhlith ei gyd-grefyddwyr ar y pryd.

---

[43] Talodd deyrngedau i'w ffyddloniaid yn y gynulleidfaoedd hyn fwy nag unwaith, gw. R.S.Thomas, 'Cofiant i Mrs Mary Ann Davies, Taylorport', *Y Cyfaill o'r Hen Wlad* 51 (1888), t.239; idem. 'Cofiant Mr John Lewis, Nanticoke', *ibid.*, tt.308-10.
[44] Hugh Davies, *Hanes Cymanfa Dwyreinbarth Pennsylvania, 1845-96*, tt.96, 116, 134-5; *Y Cyfaill o'r Hen Wlad* 52 (1889), tt. 203, 280; Cofnodion Cymanfa Gyffredinol Methodistiad Calfinaidd yr Unol Daleithiau, Cymdeithas Hanes Eglwys Bresbyteraidd U.D.A., Philadephia, Llsg MJMC135, tt.197-212.
[45] Hugh Davies, *Hanes Cymanfa Dwyreinbarth Pennsylvania, 1845-96*, t.464.

Pennod 2
Gwirionedd y Gair

Mewn cyfres hirfaith o erthyglau ar y testun 'Perthynas rhesymegol cyfiawnhad ac ailenedigaeth' a redai ar hyd wyth rhifyn o'r *Cyfaill o'r Hen Wlad* rhwng 1890 ac 1891, croesodd R.S.Thomas gleddyfau diwinyddol ag un o'i gyfoeswyr colegol, sef Daniel Williams o Proskairon, Illinois a oedd erbyn hynny'n weinidog gyda'r Presbyteriaid Americanaidd yn Bancroft, Iowa. Os ailenedigaeth yr enaid unigol a ddeuai'n gyntaf ac yna ffydd a chyfiawnhad, fel y mynnai'r gŵr o Iowa, fel arall yn hollol yr oedd hi ym marn y pregethwr o Bennsylvania. Nid cael ei fywhau a thrwy hynny ei alluogi i gredu'r efengyl a wnâi'r pechadur, ond cael ei gyfiawnhau yn gyntaf ac yna ei uno'n fywiol â Christ. Ofn i wedd wrthrychol yr efengyl, sef gwaith Crist yn cyfiawnhau, gael ei gorchuddio gan oddrychedd boed yn brofiad neu'n foesoldeb oedd ar Thomas, ac i ddiwinyddiaeth Brotestannaidd fynd i efelychu'r farn Gatholig a chymysgu'r ddeubeth, sef ailenedigaeth a chyfiawnhad.

Â Thomas i gryn drafferth i gefnogi'i safbwynt gan ddyfynnu Charles Hodge, Candlish, Dorner, Calfin, y cyffesion Protestannaidd megis Cyffes Augsburg (1530), Fformiwla Concord (1576), Ail Gyffes y Swistir, Catechism Heidelberg (1536) a 39 Erthygl Eglwys Loegr. (Cynhwysa yng nghanol y rhain i gyd waith y Cymro Americanaidd Joseph E.Davies, awdur *Y Blwch Duwinyddol* (1871), sef yr unig gyfrol o ddiwinyddiaeth gyfundrefnol Gymraeg i'w chyhoeddi yn yr Unol Daleithiau.[46]) Mynn hefyd fod prif gyffesion America fel Cyffes New Hampshire (1833), Declarasiwn Auburn (1837) ac Erthyglau Ffydd yr Eglwys Esgobol (1875) yn cytuno ag ef heb sôn am 'yr hen gyffes ragorol' honno, 'sef Cyffes Ffydd y Methodistiaid Calfinaidd' (1823).[47] Yr eithriadau i'r rhain oedd

---

[46] Brodor o Lanarthne, Dyffryn Tywi, oedd Joseph Evan Davies (1811-81) a symudodd gyntaf i Dredegar ac yna, yn 1843, ymfudo i Bennsylvania. Cyhoeddodd *Y Blwch Dduwinyddol* yn dair cyfrol yn 1871, gw. Hugh Davies, *Hanes Cymanfa Dwyreinbarth Pennsylvania, 1845-96* (Utica, Efrog Newydd, 1898), tt.450-2.

[47] R.S.Thomas, 'Perthynas rhesymegol cyfiawnhad ac ailenedigaeth' *Y Cyfaill o'r Hen Wlad* 53

oedd Cyffes a Catechism Westminster (1647) a wnaeth ddrwg mawr, meddai, i hanes yr athrawiaeth Gristionogol trwy ddwyn i mewn elfennau goddyrchol a oedd yn bygwth eglurder a phwysigrwydd cyfiawnhad trwy ffydd.

Erthyglau llafurus ac nid hwyrach anghytbwys yw'r rhain a drethodd amynedd darllenwyr *Y Cyfaill* rwy'n siŵr. Ond mae ynddynt ddifrifoldeb diwinyddol mawr, cynefindra â ffynonellau pwysig ac ambell fflach annisgwyl sy'n eu gwneud yn fyw. Dyfynna, er enghraifft, o erthygl ei hen athro A.A.Hodge ar yr *ordo salutis* neu 'drefn yr iachawdwriaeth' o'r *Princeton Review*.[48] 'Yr oedd Dr Hodge ... yn dra hoff o ddefnyddio termau Groeg a Lladin yn ei siarad cyffredin, ac yr oedd yn dda fod Gwrandawr Gweddi yn hyddysg yn yr ieithoedd gwreiddiol oblegid llawer gwaith y clywais i Archie, fel y galwai y bechgyn eu hoff athro, yn defnyddio geiriau Groeg a Lladin yn ei weddïau cynnes a gafaelgar' (t.265).

Soniai hefyd am ddull Hodge yr ieuaf o drwytho'i fyfyrwyr yng nghyfrinion yr athrawiaeth Gristionogol, sef eu tywys gerfydd eu clustiau trwy *Systematic Theology* ei dad. 'Nid dyma'r tro cyntaf i Mr [Daniel] Williams weld y syniadau hyn o eiddo yr hen Hodge', meddai Thomas, 'oblegid cafodd yntau, fel finnau, ei dynnu trwy y tair cyfrol o'r *Systematic* gan Hodge ieuengaf tra yn Princeton' (t.298). Ond mae un enw sy'n sefyll goruwch athrawon New Jersey hyd yn oed, sef 'yr hybarch Ddr. Edwards o'r Bala, tywysog diwinyddion Cymru' (t.265). 'Pe buasai [Charles] Hodge wedi gwybod am syniadau y diwinydd dwfn-dreiddiol ac athronyddol o'r Bala am natur ffydd gyfiawnhaol a'u mabwysiadu, cadawsai hynny ef rhag rhedeg i'r drysni mawr y mae ynddo ynglŷn â'r mater dan sylw' (t.418).

Anffaeledigrwydd y Gair

Roedd diwedd yr 1880au a dechrau'r 1890au yn gyfnod cynhyrfus a chyffroes yn hanes Eglwys Bresbyteraidd yr Unol

---

(1890), tt.262-5, 297-300, 338-41, 380-2, 416-9, 460-3, [381]; *Y Cyfaill o'r Hen Wlad* 54 (1891), tt.16-19, 58-62.
[48] A.A.Hodge, 'The *ordo salutis*, or relation in the order of nature of holy character and divine nature' o'r *Princeton Review* 44 (1878), tt.304-321.

Daleithiau. Roedd symudiadau ar gerdded (na ddaeth dim ohonynt) i amodi Calfiniaeth y Gyffes Ffydd ond yn fwy na hynny achoswyd cythrwbl gan ledaeniad beirniadaeth feiblaidd, y syniad newydd am hanes, a phoblogrwydd syniadaeth ynghylch Darwiniaeth ac esblygiad.[49] Er nad oedd a wnelo'r datblygiadau hyn yn uniongyrchol â Methodistiaid Calfinaidd Cymraeg America, oherwydd y cysylltiadau swyddogol ac answyddogol cynyddol rhwng y ddau gorff a'i gilydd, roeddent o ddiddordeb mawr i lawer. Yr hyn a gynyddodd ddiddordeb y Cymry oedd bod o leiaf un o'r ffigyrau cyhoeddus a oedd fwyaf brwd o blaid egwyddor beirniadaeth feiblaidd, sef Llewelyn Ioan Evans, yn Gymro trwyadl ac yn amlwg yn y symudiad i lacio hualau Cyffes Westminster. Roedd Princeton ar y llaw arall, a oedd yn hyfforddi trwch y gweinidogion ar gyfer y cyfundeb Cymraeg, yn ddigyfaddawd yn ei erbyn. Yng ngoleuni hyn mae ysgrifau R.S.Thomas 'Ysbrydoliaeth ac anffaeledigaeth y Beibl' ac ymateb yr Athro Llewelyn Ioan Evans yn ddiddorol dros ben. Meddai Thomas:

> Fel y mae yn wybyddus i bob dyn sydd yn talu sylw i rawd syniadaeth yr oes, y pwnc diwinyddol sydd yn tynnu fwyaf o sylw y byd crefyddol a diwinyddol y dyddiau hyn yw ... ysbrydoliaeth ac anffaeledigrwydd y Beibl, ac yn fwyaf neilltuol ei anffaeledigaeth.[50]

Roedd dwy ysgol wedi ymffurfio ymhlith Presbyteriaid yr Unol Daleithiau ar y pryd, y naill yn cyfyngu'r ysbrydoliaeth ddwyfol i wirioneddau canolog yr efengyl a'r ffeithiau a oedd yn ymwneud ag iachawdwriaeth, a'r llall oedd yn mynnu fod y Beibl yn ffeithiol gywir ym mhob peth yn cynnwys manylion hanesyddol a gwyddonol yn ogystal. Nid yw'n hysbys eto pa un o'r ddwy blaid hon oedd yn cynrychioli barn hanesyddol yr

[49] Gw. Lefferts A.Loetscher, *The Broadening Church: A Study of Theological Issues in the Presbyterian Church Since 1869* (Philadelphia, 1954), tt.1-74.
[50] R.S.Thomas, 'Ysbrydoliaeth ac anffaeledigaeth y Beibl', *Y Cyfaill o'r Hen Wlad* 54 (1891), tt.457-60; *Y Cyfaill o'r Hen Wlad* 55 (1892), tt.17-19, 56-9, 96-9, 137-40 [457].

eglwys ar y fater,[51] ond yr hyn sy'n amlwg yw i'r ddadl godi ar y pryd yn sgil cyfuniad o achosion a oedd wedi effeithio ar y meddwl cyhoeddus: syniadau newydd ynghylch natur hanes, effaith Darwiniaeth, ac egwyddor esblygiad. Cafodd Thomas gyfle mor gynnar ag 1876 i osod ei safbwynt ger bron[52] ac nid oedd ei dair blynedd wrth draed A.A.Hodge wedi rhoi achlysur iddo newid iot ar ei syniadau cynt. 'Yr wyf fi, fel lliaws mawr o'r byd yn credu, ac yn credu yn ddwfn, fod yr Ysgrythurau Sanctaidd yn wir air Duw, fod ei ysbrydoliaeth yn oruwchnaturiol a'i holl ddysgeidiaeth yn anffaeledig' (t.458).

Ac yntau wedi'i fagu'n Fethodist Calfinaidd yn yr 1850au cyn i don Darwiniaeth dorri ar draethell Cymru a chyn i feirniadaeth feiblaidd ddod yn fater trafodaeth yn yr eglwysi, doedd dim byd annisgwyl mewn haeriad o'r fath. Er y gallai llawer o bobl ddal i fynnu hyn ddeng mlynedd ar hugain yn ddiweddarach – gan gynnwys, gyda llaw, rai a dderbyniai gasgliadau esblygiad a beirniadaeth feiblaidd mewn gweddau cymedrol – erbyn hynny roedd y sefyllfa wedi newid yn ddirfawr.[53] I Thomas amcan datguddiad Duw 'oedd amlygu ffeithiau ac athrawiaethau na fuasai yn wybyddus i ddyn hebddo' a bod cofnod o hyn yn yr ysgrythurau a oedd yn 'sicrhau cywirdeb hollol yr oll a ddysgid' tra bod yr ysbrydoliaeth hon 'yn llywodraethu nid yn unig y meddyliau ond hefyd y geiriau a gofnodai yr ysgrifenwyr sanctaidd' (t.460). Mynnai hefyd nad oedd yr awduron ysgrythurol wedi'u hamddifadu o'u nodweddion dynol ond bod y dylanwad dwyfol wedi 'eu dyrchafu i'r safle uchaf o weithgarwch a rhydd-weithrediad' (ibid.) a thrwy hynny sicrhau anffaeledigrwydd i'w cynnyrch.

Fodd bynnag, roedd mwy a mwy o ddysgawdwyr yn amau priodoldeb y disgrifiad hwn o ddull yr ysbrydoli dwyfol. Gwelsant ynddo rywbeth mecanyddol a pheiriannol nad oedd yn

---

[51] Cf. Jack Rogers a Donald McKim, *The Authority and Interpretation of the Bible: An Historical Approach* (San Francisco, 1979) a John Woodbridge, *Biblical Authority: A Critique of the Rogers-McKim Proposal* (Grand Rapids, 1982).

[52] Gw. n. 12 uchod.

[53] Am y sefyllfa gyfatebol yng Nghymru gw. R.Tudur Jones, 'Astudio'r Hen Destament yng Nghmru, 1860-90', yn Gwilym H.Jones (gol.), *Efrydiau Beiblaidd Bangor* 2 (Abertawe, 1977), tt.150-78; idem. 'Esbonio'r Testament Newydd yng Nghymru, 1860-90', yn Owen E.Evans (gol.), *Efrydiau Beiblaidd Bangor* 3 (Abertawe, 1978), tt.163-99.

gwneud cyfiawnder naill ai â chymhlethdod onid annibendod y testun ysgrythurol neu â llwyr ddyndod y rheini a gyfansoddodd ac a ddiogelodd y testun hwnnw. Y canlyniad oedd i'r dosbarth hwn, er yn cytuno fod a wnelo Duw rywsut â chreu a diogelu'r ysgrythur, wadu fod y Beibl yn ei grynswyth yn berffaith ddi-wall.

> Y mae un Cymro dysgedig, galluog ac o gymeriad uchel a diamheuol, yr hwn sydd yn byw er ys llawer blwyddyn yn y wlad hon, wedi dyfod allan yn erbyn anffaeledigaeth hollol y Beibl, sef Dr. Llewelyn J.Evans o Lane Seminary, Cincinnati, Ohio (t.18).

Brodor o'r Treuddyn, Yr Wyddgrug, oedd Llewelyn Ioan Evans, a aned ar 27 Mehefin 1833 yn fab i'r Parchg Edward T.Evans a Mary ei wraig. Symudodd y teulu i Fangor ac o'r fan honno yr aeth Evans, yn 13 oed, i Goleg y Bala lle y rhagorodd yn ei astudiaethau. Nid cynt nag y cyrhaeddodd yn ôl o'r Bala yn 1849, croesodd y teulu'r Iwerydd a chychwynnodd Edward T.Evans ar ei yrfa fel gweinidog yr achos Methodistaidd yn Racine, Wisconsin, a symud o'r fan honno i Newark, Ohio, maes o law. Gwnaeth Llewelyn enw iddo'i hun yn y cylchoedd barddonol yn gynnar gan ennill gwobrwyon yn yr eisteddfodau a denu sylw neb llai na Llew Llwyfo a gymeradwyodd ei ddawn.[54] Parhaodd i feithrin yr awen yn America gan ennill cadair yn Eisteddfod Utica yn 1857. Fodd bynnag, gan i feirniad dienw yn *Y Drych* ei gyhuddo o ladrata sylwedd ei gerdd o *Paradise Lost* Milton, ffromodd braidd a rhoes y gorau i gystadlu. Gwnaeth ei benderfyniad yn hysbys yn ei lyfryn ffyrnig *Crach-feirniadaeth; neu Amddiffyniad yng ngwyneb ysgrifau 'Hoffwr Barddoniaeth'*,[55] ac achosodd y peth gythrwbl nid bychan ymhlith llenorion Cymraeg America.[56] Beth bynnag .

---

[54] Edward D.Morris, 'Rev.Llewelyn J.Evans: a Memorial Address' yn *Thirty Years at Lane* (Cincinnati, d.d), tt.200-33 [202-3].
[55] Llewelyn Ioan Evans, *Crach-feirniadaeth; neu Amddiffyniad yng ngwyneb ysgrifau 'Hoffwr Barddoniaeth', yn cynnwys ymchwiliad i egwyddorion beirniadaeth a chyfansoddiad ... natur efelychiad a llenysbeiliaeth ... ac efelychiadau Milton* (Efrog Newydd, 1859).

am wreiddioldeb neu ddiffyg gwreiddioldeb ei farddoniaeth, dengys y traethawd wybodaeth drylwyr ei awdur o natur beirniadaeth y cyfnod a gallu i ysgrifennu Cymraeg rhywiog, eglur a bywiog tu hwnt. Ymrestrodd yn Athrofa Lane, Cincinnati, yn 1857 – athrofa a oedd yn perthyn i blaid fwy ryddfrydol yr Ysgol Newydd ymhlith Presbyteriaid America – ac ar ôl tair blynedd o weinidogaethu mewn eglwys Saesneg yn y ddinas,[57] fe'i penodwyd yn athro yn Lane ac yno yr

Llewelyn Ioan Evans

arhosodd tan ei benodi i gadair llenyddiaeth feiblaidd yng Ngholeg y Bala yn 1891.

Cyhoeddodd Evans ei safbwynt ar natur awdurdod ac ysbrydoliaeth y Beibl mewn dwy ysgrif, sef 'The inerrancy of Scripture' yn *The Homiletic Review* (1891) a'r llall fel rhan o lyfryn a ysgrifennodd ar y cyd â'i ddisgybl ac erbyn hynny ei gyd-weithiwr yn Athrofa Lane, sef Henry Preserved Smith, *Biblical Scholarship and Inspiration: Two Papers* (1893). Beth bynnag am natur ddadleuol eu cynnwys, rhinwedd fawr yr ysgrifau hyn yw eu heglurder ymadrodd. Roedd Saesneg y Cymro erbyn hyn mor fywiog a rhywiog â'i Gymraeg. Cyddestun y cyhoeddi oedd anerchiad agoriadol Charles Augustus Briggs (1841-1913) fel athro astudiaethau beiblaidd yn Athrofa Union, Efrog Newydd, sef 'The authority of Holy Scripture' pan

[56] Daethpwyd i wybod mai R.D.Thomas, 'Iorthyn Gwynedd', oedd 'Hoffwr barddoniaeth, gw. Jerry Hunter, 'Y traddodiad llenyddol coll', *Taliesin* 118 (2003), tt.13-44; trafodir yr ymryson ffyrnig rhwng y ddau fardd ar tt.21-7.
[57] Am ei gysylltiad â'r achos Cymraeg yno gw. Thomas Levi, *Cofiant y Parch. Howell Powell, New York* (New York, d.d.[ond 1875]), tt.93-5.

blediodd achos y feirniadaeth newydd yn y fath fodd ag i gael ei gyhuddo o heresi.[58] Gan fod syniadaeth Evans yn debyg i eiddo Briggs a'i fod yntau yn weinidog Presbyteraidd ac yn athro mewn coleg diwinyddol, teimlai na allai beidio â chyhoeddi ei farn, ond yn wahanol i Briggs nid polemig ond didactig oedd naws ei ysgrifau, yn ymgais deg ac eglur i esbonio'i argyhoeddiad nad oedd rhaid i feirniadaeth feiblaidd, o'i harfer yn gymedrol ac oddi mewn i derfynau ffydd, danseilio crefydd efengylaidd na pheryglu awdurdod terfynol yr Ysgrythur fel datguddiad oddi wrth Dduw.

> Y mae y gŵr dysgedig yn un tra chymwys i gyflawni y cyfryw orchwyl [meddai R.S.Thomas] am ei fod yn llafurio yn y maes hwn er ys llawer o flynyddau bellach, ac am ei fod wedi ei gynysgaeddu â galluoedd a gwrteithiad arbennig at y gwaith y mae ynglyn ag ef' (t.18).

Cafodd Evans ei drosglwyddo o gadair hanes yr eglwys at y gadair llên feiblaidd yn 1867 ac oddi yno i'r gadair Hen Destament bedair blynedd yn ddiweddarach cyn cael ei wneud yn athro Testament Newydd yn 1875. Dangosodd ei gynnyrch ysgolheigaidd megis 'The doctrinal significance of the revision' (sef fersiwn awdurdodedig Saesneg y Beibl Americanaidd 1883) a 'The biblical doctrine of the intermediate state' (1887) yn *The Presbyterian Review* heb sôn am ei gyfeithiad o esboniad pwysfawr John Peter Lange ar Job[59] ei fod yn ysgolhaig abl os gweddol brin ei gynnyrch. Yn ôl un a'i hadnabu yn dda, 'He was a thorough scholar, a loyal Presbyterian, a teacher of unusual ability, and a man of most devout piety'.[60] Nid pethau mympwyol ac ysgafala oedd ei ysgrifau ar y mater dan sylw

---

[58] Gw. Loetscher, *The Broadening Church*, tt.48-62; Max Gray Rogers, 'Charles Augustus Briggs: Heresy at Union', yn George H.Shriver (gol.), *American Religious Heretics* (Nashville, Tennessee, 1966), tt.89-147; Mark S.Massa, *Charles Augustus Briggs and the Crisis of Historical Criticism* (Minneapolis, 1990), *passim.*

[59] Llewelyn J.Evans, 'The doctrinal significance of the revision', *The Presbyterian Review* 4 (1883), pp.275-307; idem. 'Biblical doctrine of the intermediate state', *ibid.* 8 (1887), pp.325-33; *The Book of Job Theologically and Homiletically Expounded, by Otto Zöcker DD, Professor of Theology at Greifswald, translated, edited and introduced by Llewelyn J.Evans DD* (New York, 1872).

[60] Henry Preserved Smith, *The Heretic's Defense: A Footnote to History* (New York, 1926), t.85.

ond, yn ôl Thomas, yn 'enghraifft o'r cynnyrch gorau, dysgedicaf a difrifolaf y dyddiau presennol ar ysbrydoliaeth ac anffaeledigaeth y Beibl' (t.18). Gwyddai nad peth hawdd fyddai herio Llewelyn Evans mewn maes yr oedd ef (Evans) yn gymaint meistr arno.

Llewelyn Ioan Evans a'r 'Feirniadaeth Efengylaidd'

Yn ôl Evans roedd a wnelo anffaeledigrwydd nid yn gymaint â manylion yr adroddiadau beiblaidd ag â chynnwys achubol neges yr efengyl. 'Pan y mae ysgrifenwyr yn traethu ar y ffordd y mae yn bosibl i bechadur fod yn gadwedig, y maent yn preswylio yn nhiriogaeth anffaeledigrwydd', meddai R.S.Thomas gan aralleirio Llewelyn Evans, 'ond pan mae ysgrifenwyr y Beibl yn traethu ar faterion hanesyddol, amseryddol a daearyddol, nid oes gormod o ymddiried i'w rhoddi iddynt yr adeg hynny. Y maent yn awr yn nhir ffaeledigrwydd' (t.18). Cwestiwn Thomas oedd ai dyna haeriad y Beibl amdano'i hun neu ai ryw safon estron a roddwyd ar y Beibl o'r tu allan ydoedd? Yn hytrach na derbyn y dystiolaeth feiblaidd fel yr oedd yn sefyll a barnu popeth arall yn ei goleuni, yr hyn a wnaeth yr Uwchfeirniaid oedd barnu'r dystiolaeth feiblaidd yng ngoleuni damcaniaethau a oedd yn tarddu naill ai o fioleg neu ddaeareg a ddaeth yn boblogaidd yn sgil Darwin neu o syniadau'r ysgolheigion Almaenaidd am darddiad ffynonellau'r Ysgrythurau. Er enghraifft:

> Mae'r traddodiad ... yn priodoli awduraeth pum llyfr cyntaf y Beibl i Moses, ac felly y gwna traddodiad tufewnol y Beibl ei hun, y proffwydi, yr Arglwydd Iesu Grist ei hun a'r apostolion. Ond y mae beirniaid anffaeledig y Feirniadaeth Uwchraddol yn dweud fod hyn yn gamsyniol. Dywedant fod yno brofion mewnol yn y pumllyfr eu hunain, ac yn llyfrau hanesyddol a phroffwydol eraill y Beibl, mai ar ôl y

caethgludiad Babilonig y dygwyd hwy i'r ffurf bresennol (t.17).

Yr hyn a oedd yn y fantol i R.S.Thomas oedd geirwiredd Duw ac awdurdod gwrthrychol y Beibl, a dyna pam mae ei dôn yn newid o gwrteisi yn ysgrifau cynharaf y gyfres i wawd wrth gynnal y feirniadaeth a symud ymlaen. Fel deiliad ffyddlon traddodiad Princeton, nid oes ganddo amheuaeth nad yw diwallusrwydd geiriol yn oblygedig yn y syniad o ysbrydoliaeth. 'Y mae'r ddamcaniaeth a ddeil dyn am ysbrydoliaeth o angenrheidrwydd yn penderfynu natur ei syniadau am anffaeledigaeth', meddai. 'Ond talu sylw manwl i'r dadansoddiad a roddais ... gwelir ei fod yn arwain yn naturiol ac yn anocheladwy i'r grediniaeth o'i anffaeledigrwydd hollol' (t.19). A dyna oedd asgwrn y gynnen rhwng athrawon Princeton fel A.A.Hodge a B.B.Warfield, a'r ysgolheigion Presbyteraidd eraill fel Charles Augustus Briggs, Henry Preserved Smith a Llewelyn Evans a oedd yn mynnu mai ffrwyth rhesymoliaeth sgolastigiadd oedd y farn hon a bod y wir ysbrydoliaeth ddwyfol lawer yn fwy rhydd, agored a goddefol na hyn. 'It soon became evident that the opposition was based on the extreme conservative views on inspiration', meddai Henry P.Smith.

This view Dr.Evans had never held. At his ordination he had disavowed it. When Drs. Hodge and Warfield advocated it, Dr.Evans said, in private conversation, 'they cannot force such a doctrine down our throats'. Many years ago he pointed out to the present writer that when we acknowledge the scriptures to be an infallible *rule*, we do not affirm them to be inerrent in their statements of history and science.[61]

Mewn ysgrif bwysig a gyhoeddwyd yn *The Presbyterian Review* (1881), roedd Hodge a Warfield wedi diffinio ysbrydoliaeth mewn ffordd a ddaeth yn normadol ar gyfer y traddodiad

---

[61] Henry P.Smith, rhagymadrodd bywgraffyddol yn Llewelyn Ioan Evans, *Preaching Christ: Sermons* (New York, 1893), t.58.

ceidwadol am genedlaethau i ddod. Yr hyn oedd ysbrydoliaeth, meddent, oedd 'the superintendence by God of the writers in the entire process of their writing, which accounts for nothing whatever but the absolute infallibility of the record in which the revelation, once generated, appears in the original autograph'.[62] Ac eto,

> The historical faith of the church has always been that all the affirmations of scripture of all kinds, whether of spiritual doctrine or duty, or of physical or historical fact, or of psychological or philosophical principle, are without any error, when the *ipsissima verba* of the original autographs are ascertained.[63]

Wrth ddadlau yn erbyn yr haeriad hwn, mynnai Evans nad arolygiaeth Duw ar yr awduron fel na allent gyfeiliorni oedd nod angen ysbrydoliaeth ond rhywbeth llawer mwy anfeirniadol a deinamig na hyn, a bod lle, felly, i wallau yng ngwedd anghysonderau yn y testun ei hun. Mynnai hefyd fod y syniad o gyfyngu anffaeledigaeth i gopïau gwreiddiol neu *autograph* coll y testunau ysgrythurol, ar wahân i fod yn seiliedig ar dybiaeth amhrofadwy, yn symud awdurdod oddi wrth y Beibl fel y mae a'i osod mewn man nad yw'n bosibl i neb mwyach wybod amdano. Canlyniad hynny oedd amddifadu'r credadun o gysur y Gair byw. I Evans roedd y manylion a oedd yn groes i'r ffeithiau a ddarganfuwyd gan hanesyddiaeth neu wyddoniaeth ddiweddarach yn perthyn i wedd ddynol y Beibl yn hytrach na'i wedd ddwyfol. Yr hyn a sicrhaodd i'r Beibl ei awdurdod dwyfol oedd nid unrhyw syniad o ddiwallusrwydd ffeithiol yn seiliedig ar resymeg didwythol ond yn hytrach ar yr argyhoeddiad personol a ddeilliai o dystiolaeth fewnol yr Ysbryd Glân.[64]

I R.S.Thomas niwlog ac annigonol oedd y farn hon ac yn enghraifft berffaith o'r goddrychedd a oedd yn andwyo

---

[62] A.A.Hodge a B.B.Warfield, 'Inspiration', *The Presbyterian Review* 6 (1881), tt.225-60 [226].
[63] *Ibid.*, t.238.
[64] Gw. Llewelyn Ioan Evans, 'The inerrancy of scripture' *The Homiletic Review* 22 (1891), tt.99-108 a Llewelyn Ioan Evans a Henry Preserved Smith *Biblical Scholarship and Inspiration: Two Papers* (Cincinnati, 1893), tt.6-65.

diwinyddiaeth Brotestannaidd ar y pryd. Gwendid pennaf y ddamcaniaeth oedd ei hanallu, a bwrw ei bod yn wir, i wahaniaethu rhwng yr elfennau dynol a'r elfennau dwyfol yn y Gair. 'Nid wyf yn feddiannol ar allu canfyddiadol digon craff', meddai Thomas, 'i wybod pa le y mae dwyfol ysbrydoliaeth dechrau a pha le y mae'n diweddu' (t.138). Onid oedd rhywbeth sylfaenol afresymegol yn yr honiad fod yr ysbrydoliaeth yn ymestyn i rai pethau a oedd yn eu gwneud yn anffaeledig ac yn wir, tra ei bod yn gadael llonydd i bethau eraill a'r rheini felly yn rhydd i fod yn gyfeiliornus ac yn wallus ac yn anghywir? 'Y mae rhethreg y Doctor yn ei *Biblical Scholarship* yn ardderchog, ond y mae ei resymeg yn gyffredin' (t.56).

O beidio â dehongli ysbrydoliaeth fel arolygaeth Duw ar yr awduron a oedd yn eu tywys i gadw cofnod cywir o'r datguddiad ym mhob peth, methodd Evans â rhoi dehongliad boddhaol o'r broses hollbwysig a oedd ar waith pan gafodd yr Ysgrythur ei chreu. 'Y mae yn ddiau fod y Doctor dysgedig yn credu fod y *divine process* yn effeithio ryw ffordd, ond pa fodd, nis gallwn ddyfalu' (t.57). I Thomas nid oedd hi'n ddigon i gyfeirio at dystiolaeth fewnol yr Ysbryd Glân fel petai'n cau pob dadl ac yn egluro pob drysni. Roedd pawb, p'un ai derbynient y dehongliad manwl neu'r dehongliad llac, yn credu yng ngwedd brofiadol yr Ysgrythur gan gytuno fod Duw ar waith yn cymhwyso ac yn bywiocáu'r Gair. Ni ddylid defnyddio hwn fel esgus i osgoi'r cwestiynau hanesyddol a oedd ynghlwm yn y gred fod ysbrydoliaeth yn cynnwys digwyddiadau neu ffeithiau nad oedd yn wir. Wedi'r cwbl, os oedd y Beibl yn gallu cyfeiliorni mewn rhai pethau ynghylch daeareg neu hanes er enghraifft, oni allai gyfeiliorni yn y pethau pwysicach a oedd yn ymwneud â Christ ac ag iachawdwriaeth dyn?

Princeton a'r 'scholastic notion'

Os oedd Thomas yn gallu cyfeirio'n ddigon deheuig at fannau gwan dadl Llewelyn Evans, nid oedd ei draethiad ei hun heb ei broblemau. Fel diwinyddion Princeton yn gyffredinol, ni allai ddirnad y syniad o ddilechdid neu dderbyn bod gwirioneddau nad oeddynt yn cydymffurfio'n esmwyth ag unrhyw resymeg feidrol. 'Pa fodd y mae yn bosibl i'r un Beibl fod yn *pneumatic* a *secular* ar yr un pryd sydd anesboniadwy i bobl gyffredin, ond ar y dybiaeth o wrthdd'ywediad' (t.58). Ond nid mater o wrth-ddweud oedd mynnu fod y Beibl yn ddwyfol ac yn ddynol mwy na honni bod gan ddyn ewyllys rydd tra bo iachawdwriaeth yn gyfan gwbl o Dduw na bod Duw wedi ymgnawdoli fel Iesu o Nasareth heb i hynny naill ai gyfyngu ar ei dduwdod na bygwth ei ddyndod. Dyma yn hytrach y math o resymeg a oedd yn oblygedig yng ngofynion y ffydd.

Yna, yn unol â rhagdybiaethau Princeton, mynnai mai mater o synnwyr cyffredin oedd dirnad hanfod y datguddiad a roddwyd yn y Gair. 'Y mae y *scholastic notion* am ysbrydoliaeth yn syml, a chymharol hawdd ei ddeall', meddai, a thrwy hynny yn debycach o fod yn wir na'r ddamcaniaeth arall. 'Gadawaf y mater hwn i'w benderfynu gan y darllenydd meddylgar, teg a diragfarn' (t.138). Peth anodd oedd cysoni'n foddhaol hyder mawr diwinyddion Princeton yn natur ddiduedd y meddwl dynol â'r Galfiniaeth a fynnai ymestyn llwyr lygredigaeth (yn gwbl briodol) i'r deall yn ogystal ag i'r ewyllys. Ond prin roedd R.S.Thomas yn ymwybodol o'r anghysondeb hwn. Gwyddai, wrth gwrs, fod yna anawsterau yn y Beibl, nid yn gymaint pethau fel sut i gysoni'r deunydd ysgrythurol ynghylch y creu â damcaniaeth esblygiad yr hil ddynol ond sut i gysoni adroddiadau'r Hen Destament neu fanylion yr efengylau â'i gilydd pan oeddent, i bob golwg, yn eu gwrth-ddweud eu hunain. Bychanu maint y broblem a wnaeth trwy ddweud:

> Y mae gogwydd gwŷr y ddamcaniaeth ffaeledig yn dra gwahanol i ogwydd meddyliol gwŷr y ddamcaniaeth anffaeledig tuag at yr anawsterau yn y Beibl. Ceisia yr olaf ddileu yr anawsterau a'r anghysonderau ymddangosiadol trwy eglurhadaeth, ond ceisia pobl y ddamcaniaeth ffaeledig eu mwyhau, a gwneud mynyddau

cribog fel mynydd Basan o dwmpathau gwaddod (t.99).

Nid oedd hi'n ddigon mynnu, fel y gwnaeth Hodge a Warfield, y gwawriai goleuni terfynol pe deuid o hyd i'r testunau cynharaf un. Mewn gwirionedd roedd rhywbeth afreal mewn cyfeirio mor fynych at yr *autographs* coll. 'Nid oes prawf diamheuol yn bod fod yr hyn a ymddengys yn anghysonderau yn y Beibl yn perthyn yn wreiddiol iddo', meddai Thomas, 'Y mae yn fwy tebygol na phosibl mai wedi ymgripio i fewn iddo gyda threigliad amser y mae pob diffyg gwirioneddol a geir ynddo' (t.138). Wyneb yn wyneb â thystiolaeth y Beibl fel y mae, prin y gallai'r haeriad hwn fod wedi bodloni neb.

Bid a fo am hynny, mae ysgrifau R.S.Thomas yn bwysig i'r graddau eu bod yn cofnodi, mewn cyd-destun Cymraeg, ddadleuon ysgol Princeton ynghylch awduraeth yr Ysgrythurau pan oedd y dadleuon hynny yn creu cynnwrf nid bychan ymhlith Presbyteriaid yr Unol Daleithiau.[65] Os oedd Thomas wedi debyn ei athrawiaeth am yr Ysgrythur oddi wrth Gyffes Ffydd y Methodistiaid Calfinaidd (1823), roedd ei flynyddoedd wrth draed A.A.Hodge wedi'i sicrhau yn nilysrwydd ei farn. Ond roedd eraill yn credu nad oedd y cyffesion ffydd, boed Cyffes Westminster neu Gyffes 1823, yn dysgu dim byd o'r fath. Yn eu plith roedd Llewelyn Ioan Evans.[66]

Yr ymateb

Roedd ymateb Evans i ysgrifau Thomas yn ddiamynedd ac yn chwyrn. Roedd ef eisoes wedi'i gyffroi os nad ei gythruddo gan y don o adwaith a oedd yn ysgubo drwy Eglwys Bresbyteraidd yr Unol Daleithiau ar y pryd,[67] ac fel Charles Briggs roedd yn benderfynol o wneud safiad o blaid ystwythder dehongliadol a rhyddid barn. Fel Briggs a Preserved Smith, beirniad cymedrol ydoedd a'i ddadl nid yn erbyn sylwedd ond yn hytrach yn erbyn

---

[65] Gw. D.Densil Morgan, 'Wales, the Princeton Theology and a nineteenth century "battle for the Bible"', *The Journal of Welsh Religious History*, NS 2 (2002), tt.51-81.

[66] Llewelyn J.Evans, 'Dogmatic confessionalism versus revisionism' yn C.A.Briggs (gol.), *How Shall We Revise the Westminster Confession of Faith?* (New York, 1890), tt.35-52.

[67] Gw. Loetscher, *The Broadening Church*, tt.16-17.

pwyslais y Gyffes Ffydd. Yr oedd, yn ôl un a'i hadwaenai yn dda, yn 'representative of a catholic and irenic type of Calvinist belief'.[68] Fel llawer o athrawon y colegau diwinyddol, anghytunodd â dehongliad ei gydweithwyr yn Princeton o hanes ac o natur y traddodiad Presbyteraidd, ac anesmwythai o weld eu barn hwy yn prysur ennill y dydd. Os oedd R.S.Thomas yn deyrngar i Princeton, roedd Evans yn deyrngar i'w goleg ei hun, sef Athrofa Lane. Perthynai Princeton i'r Hen Ysgol ond coleg yr Ysgol Newydd fu Lane erioed. 'By conviction and by education he belonged to the New School branch of the Church',[69] meddai Henry P.Smith, a sefydliad cymedrol a rhyddfrydig oedd Lane, er yn ffyddlon i'r Gyffes Ffydd. 'Lane', meddai Edward D.Morris, 'had become in some degree peculiar in its broad and free exposition of divine truth'.[70] Roedd y gwres rhwng y ddwyblaid eisoes wedi codi a thraethodau Thomas, ynghyd ag ambell sylw coeglyd ac annheilwng a oedd ynddynt, yn ychwanegu at y tymheredd fesul gradd neu ddwy.

'Pe buaswn y cyfryw un ag y mae fy mrawd wedi fy mhortreadu', meddai Llewelyn Evans yn ei ysgrif amddiffynnol ym Mehefin 1892,

> yn feddyliwr *mor* arwynebol a chymysglyd, yn *fath* bentyrwr geiriau diystyr, *mor* ddiffygiol mewn gallu a dirnadaeth rhesymegol, yn alluog i wneud haeriadau *mor* ddisynnwyr a hunan-ddinistriol, gresyn na chaed y mater allan chwarter canrif neu ragor yn ôl, er mwyn arbed yr eglwys a'r sefydliad ag yr wyf wedi bod mewn cysylltiad â hwynt y fath wendidau gresynus.[71]

Dyma'r un gwawd a'r un sensitifrwydd i feirniadaeth ag a arddangosodd yn ei draethawd cofiadwy ar grachfeirniadaeth dros ddeng mlynedd ar hugain ynghynt. Ond nid dyn ifanc â'i

---

[68] E.D.Morris, 'Memorial Address', t.231.
[69] Henry P.Smith, rhagymadrodd bywgraffyddol, t.52.
[70] E.D.Morris, 'Memorial Address', t.214.
[71] Llywelyn Ioan Evans, 'Adolygiad', *Y Cyfaill o'r Hen Wlad* 55 (1892), tt.220-3 [220].

falchder wedi'i glwyfo oedd hwn ond ysgolhaig swmpus yn amddiffyn hygrededd ei ffydd. Nid llunio traethawd cyflawn ar athrawiaeth ysbrydoliaeth oedd ei fwriad yn ei ddau bapur, meddai, 'ond gwrthwynebu'r duedd ag sydd mor amlwg yn y blaid wrth-feirniadol i fyned y tu hwnt i derfynau'r Cyffes Ffydd ac i orfodi'r Eglwys Bresbyteraidd i ymostwng i ddiffiniad o'r pwnc nad yw'n gynwysedig yn y Cyffes' (t.221). Darllen eu sgolastigiaeth Brotestannaidd *i mewn* i Gyffes Westminster a wnaeth y blaid honno haerodd, yn hytrach na llunio'u hathrawiaethau am y Beibl yng ngoleuni'r credo hwnnw a oedd, mewn gwirionedd, gryn dipyn yn fwy llac a goddefol na'u dehongliad hwy ohono. Roedd y sgolastigiaeth hon, ynghyd â'r ysbryd cecrus a oedd mor fynych yn ei nodweddu, wedi gwneud cam mawr ag amcan a chynnwys y sawl a oedd yn arddel gwyddor beirniadaeth feiblaidd oddi mewn i'r Eglwys Bresbyteraidd.

Yna noda bwynt digon diddorol ynglŷn â tharddiad ei syniadau ei hun:

Y mae dros ddeugain mlynedd bellach er pan yn fachgen wrth draed yr anghymharol Dr.Edwards o'r Bala y cefais fy ngwreiddio a fy selio yn yr egwyddor fawr o wrthgyferbyniaeth ym myd y gwirioneddau. Y mae yr egwyddor yna wedi bod yn llewyrch i fy llwybrau o hynny hyd yn awr. Yn enwedig gyda'r holl wirioneddau a'r ffeithiau ysbrydol a dwyfol, lle y mae yr anfeidrol a'r meidrol yn cydgyfarfod, y mae yr egwyddor yna wedi, ac yn fy ngalluogi i ddal gafael yn ddiysgog â fy rheswm (yn ystyr y gair yn ôl Kant a Coleridge), yn ogystal ag â fy ffydd mewn sylweddau nas gall fy neall eu cysoni. Ar yr egwyddor yna y mae fy nghred athronyddol o berthynas i gyfrifoldeb moesol, person Crist, ac ysbrydoliaeth yr Ysgrythurau ... yn seiliedig. Digon hawdd i'r neb a fynno bigo anghysonderau ymddangosiadol yn fy nghred ar bob un o'r pynciau hyn. Ond gyda fy hen athro dyfnddysg, llawer mwy pwysig yn fy ngolwg yw 'cysondeb y ffydd' fel y sicrheir yr unrhyw gan gydsafiad gwrthgyferbyniaethau mewn cyfanrwydd bywiol a chynhwysfawr, na 'chysonder rhesymeg', fel y sicrheir yr unrhyw trwy ddileu un o begynau y gwrthgyferbyniaeth, a thrwy hynny ddarnio a distrywio y gwirioneddau (t.223).

Dyma'r union beth na allai rhesymoliaeth Diwinyddiaeth Princeton mo'i ddirnad na'i dderbyn.

Ple yn erbyn 'y dallbleidiaeth a'r culni a fynnai gollfarnu casgliadau beirniadaeth ddiweddar heb ddealltwriaeth drwyadl ohonynt', oedd gan Llewelyn Evans, 'ac yn enwedig heb gydnabyddiaeth briodol o ysbryd duwiolfrydig, ffyddiog ac addolgar y Feirniadaeth Efengylaidd' (t.221). Nid sgeptigiaid neu anghredinwyr oedd y sawl a heriai syniadau caethiwus y blaid orgeidwadol ond Cristionogion uniongred a fynnai iawn ddeall yr Ysgrythurau a'u gollwng yn rhydd. Yng ngoleuni hyn, ac yng ngoleuni rhagdybiaethau crediniol, ysgolheictod trylwyr a dymuniad y beirniaid efengylaidd nid i farnu'r Ysgrythurau ond i'w deall yn well, onid oedd 'posibilrwydd, os nad tebygolrwydd, nad yw yr oracl o Shenandoah yn anffaeledig?' (*ibid.*). Yr hyn oedd wedi clwyfo Evans oedd bod R.S.Thomas wedi diystyru ei gymhellion ac wfftio'i gasgliadau a oedd, wedi'r cwbl, yn ffrwyth myfyrdod oes. Meddai ymhellach:

Y mae nifer nid bechan ŵr uchel eu safle mewn dysg a gallu a dylanwad yn gwahaniaethu yn hollol oddi wrth Mr.Thomas yn eu harbrisiad o werth yr ymdriniaeth ac yn cydnabod, amryw ohonynt, eu bod wedi cael eu dwyn i ailystyried eu daliadau ar y cwestiynau yr ymdrinir â hwynt (t.222).

Gwir asgwrn y gynnen oedd y meddwl caëedig a oedd, ym marn Evans, yn nodweddu diwinyddiaeth Princeton. 'Yng ngwyneb ei ymlyniad caethwasaidd at honiadau Hodge a Warfield, y mae [R.S.Thomas] yn ymrestru gydag ysgol Princeton', ond holl bwynt ei ddadl oedd herio'r farn 'mai diffiniad Princeton ydyw safon y ffydd uniongred' (*ibid.*).[72]

I Gymru nôl

Yn yr olaf ond un o'i ysgrifau, roedd Thomas wedi dweud am yr athro o Goleg Lane, 'Hyd nes y bydd iddo ef a'r rhelyw o'r uwchfeirniaid goginio gwell damcaniaeth am ysbrydoliaeth y Beibl, gwell gennyf lynu wrth yr hen ddamcaniaeth *scholastic*, fel y darnoda hi'.[73] Fel sydd wedi'i ddweud fwy nag unwaith, ni wyrodd R.S.Thomas oddi wrth y ddamcaniaeth honno am weddill ei oes. Er i'r farn geidwadol gael lladmeryddion yng Nghymru rhwng 1890 a 1914,[74] y duedd fwyaf poblogaidd o lawer oedd ceisio cymathu'r ffydd draddodiadol â beirniadaeth gymedrol yn unol â theithi'r 'feirniadaeth efengylaidd'.[75] Nid nad oedd problemau gyda'r synthesis hwnnw, nid lleiaf ei anallu i rwystro'i hun rhag mynd yn ysglyfaeth i'r math o ddiwinyddiaeth ryddfrydol a oedd yn ymwrthod â'r goruwchnaturiol yn gyfan gwbl. Yn America collodd y 'feirniadaeth efengylaidd' y dydd pan ddiswyddwyd Charles A.Briggs a Henry Preserved Smith gan yr Eglwys Bresbyteraidd a'u diarddel o'i gweinidogaeth.[76] O hynny ymlaen daeth safbwynt Princeton ar yr Ysgrythur yn norm ar gyfer uniongrededd efengylaidd yn America a'r tu hwnt, a pharhaodd felly tan yr 1980au o leiaf.[77] Ond roedd yr elfen o resymoliaeth yn y safbwynt a'i amharodrwydd i fynd i'r afael wirioneddol â

[72] Gw. D.Densil Morgan, 'Llewelyn Evans, Wales and the "Broadening Church"', *Journal of Presbyterian History*, 81 (2003), tt.221-41.

[73] 'Ysbrydoliaeth ac anffaeledigaeth y Beibl: rhan 4', tt.96-9 [99].

[74] Gw. Gwilym H.Jones, ' "Gwrthfeirniadaeth" a'r Hen Destament yng Nghymru oddeutu tro'r ganrif (1890-1914)', *Y Traethodydd* 141 (1986), tt. 196-208.

[75] Gw. Gwilym H.Jones, 'Beirniadaeth yr Hen Destament yng Nghmru oddeutu tro'r ganrif (1890-1914)' yn E.Stanley John (gol.), *Y Gair a'r Genedl: Cyfrol Deyrnged i R.Tudur Jones* (Abertawe, 1986), tt.63-78.

[76] Rogers a McKim, *The Authority and Interpretation of the Bible*, tt.358-61.

[77] Gw. e.e. J.I.Packer, *Fundamentalism and the Word of God* (London, 1958); Gwyn Davies, *Y Grym a'r Gwirionedd* (Pen-y-bont ar Ogwr, 1978).

chyd-destun hanesyddol newydd yn peri iddo fod yr un mor broblematig â'r farn fwy llac, ac yn gynyddol felly fel yr âi'r amser yn ei flaen.[78]

O ran y dadleuwyr medrus, cefnodd y ddau ohonynt ar yr Unol Daleithiau a dychwelyd i Gymru ar yr un pryd, Thomas i weinidogaethu yng Nghwm Cynon ac Evans i lenwi cadair llenyddiaeth feiblaidd yng Ngholeg y Bala. Mae'r ffaith iddo gael ei wahodd yno â'i farn am athrawiaeth yr Ysgrythur yn hysbys i bawb, yn arwydd fod Cyfundeb y Methodistiaid Calfinaidd yn ystyried y 'feirniadaeth efengylaidd' yn ddigon cyson â gofynion y Gyffes Ffydd. Ergyd creulon i'r coleg, ac i'r cyfundeb, oedd i Evans farw, yn 59 oed, ar 5 Mai 1892 cyn medru dechrau ar ei yrfa newydd.[79] Roedd rhaid i R.S.Thomas, ar y llaw arall, barhau i ddadlau achos safbwynt Princeton gan wybod mai dehongliad lleiafrifol ydoedd ymhlith ei gyd-Gymry er yn cynrychioli'r uniongrededd eithaf ymhlith Presbyteriaid yr Unol Daleithiau.[80]

Er na ddychwelodd y diwinydd o Abercynon fyth yn ôl i America, parhaodd i gadw cysylltiad agos â'r wlad ac â'i *alma mater* yn neilltuol. Er iddo dybio fod y 'rhan helaeth, ac feallai y rhan orau o'i einioes [wed'i dreulio eisoes] yn y Taleithiau Unedig,'[81] nid felly y bu. Roedd ei gyfraniad mwyaf i hanes diwinyddiaeth Cymru eto i ddod. A byddai ôl Princeton ar bopeth a wnâi o hynny ymlaen.

[78] Mark A.Noll, *Between Faith and Criticism: Evangelicals, Scholarship and the Bible* (San Francisco, 1986), tt.162-85.
[79] 'Marwolaeth Dr Llewelyn Ioan Evans', *Y Cyfaill o'r Hen Wlad* 62 (1892), tt.336-7; 'Y diweddar Broffeswr Llewelyn Ioan Evans', *Y Drysorfa* 62 (1892), t.352
[80] R.S.Thomas, 'Ceidwadaeth Henaduriaid yr Unol Daleithiau', *Y Goleuad*, 6 Hydref 1897, 9-10.
[81] Ibid., 9.

Pennod 3
Person y Mab

Cyrhaeddodd R.S.Thomas Gymru yn Hydref 1892 ac ymsefydlu ym mhentref Penderyn ar y ffin rhwng Morgannwg a Sir Frycheiniog gan ofalu am ddiadelloedd y Methodistiaid Calfinaidd ym Mhenderyn ac Ystradfellte. Symudodd yn fuan i Ynys-y-bwl, Morgannwg, ac erbyn 1894 fe'i cawn yn Abercynon yn ennill ei fywoliaeth bellach fel pregethwr teithiol. 'After this', meddai wrth awdurdodau Athrofa Princeton, 'I had no pastoral care formally, but settled down as an itinerant preacher, studying and writing on theology'.[82] Roedd yn aelod yng nghapel y Tabernacl, Abercynon, pan oedd pobl yn dal i ddylifo i'r cymoedd diwydiannol o'r wlad. Er nad ef oedd y gweinidog, ymroes yn egnïol i waith y Tabernacl. 'Cafodd Mr.Thomas y mwynhad o weld y ddiadell fechan yn tyfu yn eglwys gref, a'r fraint o wneud ei ran i feithrin y cannoedd aelodau, yn hen ac ieuainc, yn addysg ac athrawiaeth yr Arglwydd'.[83] Bu ganddo ofal hefyd am ryw hyd am Carmel, y gangen fechan yn Ynysboeth gerllaw.

Roedd bellach yn hanner cant ac yn dechrau ar gyfnod mwyaf cynhyrchiol ei fywyd. Rhwng hyn a'i farwolaeth, yn 79 oed, yn 1923, byddai'n cyhoeddi saith cyfrol manwl a thrwm a llu o erthyglau ysgolheigaidd sydd ymhlith y pethau mwyaf pwysfawr a gyhoeddwyd erioed ar bynciau diwinyddol yn Gymraeg. Yn wir, prin bod neb o'i flaen, gan eithrio Lewis Edwards a'i fab, Thomas Charles Edwards, wedi meistroli gwyddor diwinyddiaeth i'r fath raddau a dangos y fath fedrusrwydd wrth drin ei fater. Er bod rhychwant ei ddiddordeb yn gyfyngach na hwy a'i ysgrifennu yn amddifad o'r sbonc a'r ysgafnder ymadrodd sydd ar gael yn y ddau Edwards ar eu gorau, roedd ganddo hyder deallusol cwbl anarferol a'r gallu i ddilyn pob trywydd athrawiaethol hyd y pen. Os oedd yn weddol dawedog ar bynciau fel y Drindod, yr Ysbryd Glân, eclesioleg, y sacramentau ac eschatoleg, ysgrifennodd yn helaeth onid yn ddihysbyddol ar Gyfiawnhad trwy Ffydd,

---

[82] Ffeil R S Thomas, Llyfrgell Speer, Athrofa Ddiwinyddol Princeton, gohebiaeth 1907.
[83] W.M.Davies, 'Y diweddar Barch. R.S.Thomas, Abercynon', *Y Goleuad*, 13 Mehefin 1923, 4.

Person a Gwaith Crist, arfaeth ac etholedigaeth Duw ac, i raddau llai, ysbrydoliaeth yr Ysgrythur. Arhosodd yn ffyddlon (er nad yn slafaidd) i'r gynhysgaeth a gafodd yn Princeton. 'As soon as my book is printed', meddai yn 1894 gan gyfeirio at ei gyfrol gynharaf *Cyfiawnhad trwy Ffydd*, 'I will be very pleased to send one volume to the Library as a token of my love to the celebrated Seminary'.[84] Ni chafodd traddodiad Princeton onestach lladmerydd erioed na'r cyn-löwr diwyd a dysgedig yng Nghwm Cynon.

Diddordeb ysol y meddwl diwinyddol Cymreig ar ddechrau'r bedwaredd ganrif ar bymtheg oedd natur Gwaith Crist ac Athrawiaeth yr Iawn.[85] Erbyn ail hanner y ganrif roedd y diddordeb yn symud oddi wrth waith Crist (sef arwyddocâd marwolaeth Crist fel aberth dros bechod) at Berson Crist, sef sut orau i ddeall bywyd Iesu o Nasareth fel datguddiad unigryw o Dduw. Mewn geiriau eraill, roedd pwnc y drafodaeth yn symud oddi wrth ddiddordeb traddodiadol y Gorllewin Lladinaidd a'i bwyslais ar yr Iawn, at eiddo hanesyddol Eglwys Uniongred y Dwyrain a'i bwyslais ar Gristoleg. Ni fynegodd neb y peth yn gliriach na Thomas Charles Edwards. (Ef, mewn gwirionedd, a ymgorfforodd y newid a gosod yr agenda, i bob pwrpas, ar gyfer ei gydwladwyr). Wrth adrodd hanes y Tadau Methodistaidd, meddai: 'The doctrine of the incarnation had no value or meaning to them except as the incarnation was a necessary condition of Christ's atoning death'.[86] Yr angen bellach oedd nid ystyried Person Crist yng ngoleuni'i Waith, ond deall Gwaith Crist yng ngoleuni'i Berson. Am y tro cyntaf erioed, roedd Cristoleg yn dod o'r ymylon i ganol y darlun yn deg.

'Y Duw-ddyn'

Roedd R.S.Thomas yn fyw i'r newid hwn ac i raddau helaeth mewn cytundeb ag ef. Er iddo fod yn uniongred iawn ei safbwynt, nid oedd yn adweithiol ei fryd. Gwyddai fod rhaid i

---

[84] Ffeil R S Thomas, Llyfrgell Speer, Athrofa Ddiwinyddol Princeton, gohebiaeth 1894.

[85] Gw. Owen Thomas, *Cofiant John Jones Talsarn* (Wrecsam, 1884), tt.538-609; William Evans, *An Outline of the History of Welsh Theology* (London, 1900), tt.99-205.

[86] 'Religious thought in Wales' (1888), yn D.D.Williams, *Thomas Charles Edwards* (Cymdeithas yr Eisteddfod Genedlaethol, 1921), tt.103-112 [103].

athrawiaeth newid gydag amgylchiadau a bod gofyn i ddiwinyddiaeth ymateb i ofynion yr oes. Ac un peth a ddaw yn fwyfwy amlwg yn ei waith yw ehangder ei gydymdeimlad a'i amharodrwydd cynyddol i gollfarnu cymhellion eraill er iddo orfod tynnu casgliadau pur wahanol iddynt. Roedd ef eisoes wedi ymateb i'r symudiad tuag at Gristoleg yn ei ysgrif 'Dirgelwch duwioldeb' yn *Y Drysorfa* yn 1896 sy'n esboniad manwl ar y cyfeiriad yn 1 Tim.3:16 at Dduw yn ymddangos yn y cnawd.[87] Daeth traethawd arall ymhen ychydig ar 'Berson

Thomas Charles Edwards

Crist'.[88] Ond ei adolygiad manwl ar draethawd Thomas Charles Edwards a ddangosodd pa mor ddwfn y myfyriasai ar y pwnc eisoes a chymaint oedd ei feistrolaeth ar y maes.

Cyhoeddodd Edwards ei Ddarlith Davies *The God-Man* yn 1895,[89] bum mlynedd ar ôl iddo gael ei benodi yn brifathro Coleg y Bala yn olynydd i Lewis Edwards, ei dad. Cafwyd fersiwn Cymraeg ohoni erbyn 1897.[90] Tynnodd sylw helaeth yng Nghymru a'r tu hwnt, ac nid y lleiaf ei werthfawrogiad – a'r miniocaf ei feirniadaeth – ohoni oedd Benjamin B.Warfield, athro diwinyddiaeth Athrofa Princeton ac amddiffynydd mwyaf pybyr Calfiniaeth yn America ar y pryd. Yr oedd y gwaith, yn ôl yr Americanwr, yn 'one of the most interesting of the somewhat

[87] R.S.Thomas, 'Dirgelwch duwioldeb', *Y Drysorfa* 66 (1896) tt.193-201.
[88] R.S.Thomas, 'Person Crist', *Y Traethodydd* 52 (1897), tt.100-20.
[89] T.C.Edwards, *The God-Man, being the Davies Lecture for 1895* (London, 1895).
[90] T.C.Edwards, *Y Duw-Ddyn, sef Darlith Davies am 1895* (Caernarfon, 1897).

numerous efforts now being made to infuse the conceptions of the "Mediation Theology" ... into English theological thought'[91] Roedd yr un cyfuniad o werthfawrogiad cynnes a beirniadaeth lem yn adolygiad Thomas yntau. 'Yn y ddarlith hon y mae Dr.Edwards yn torri tir newydd i ddiwinyddiaeth Gymreig', meddai.[92] Roedd y sôn yn y ddarlith am y Logos tragwyddol fel cynddelw neu *archetype* pob dyn – fel arall, sef mai *Duw* oedd y cynddelw a dyn wedi'i greu ar ei ddelw Ef, oedd y drefn arferol – a bod y Duwdod, mewn rhyw fodd, yn meddu ar ddyndod, yn gwbl wreiddiol yn y cyd-destun Cymreig. Roedd yr awgrym y byddai Crist, oherwydd awydd anorthrech Duw i'w ddatguddio'i hun, wedi ymgnawdoli pe na bai'r cwymp wedi digwydd, yr un mor anarferol, tra bo cynhesrwydd Edwards at y syniad o *kenosis*, sef bod Crist wrth ymgnawdoli wedi bwrw heibio'i briodoleddau dwyfol, yn beth tra dadleuol ar y pryd. Beth bynnag am newydd-deb hwn, glynodd Edwards yn dynn wrth y ddysgeidiaeth draddodiadol ynghylch y Drindod, cynhanfodiad a duwdod cyflawn Crist, ei enedigaeth o forwyn, ei ddibechadurusrwydd a'i farwolaeth fel iawn. Dyna a barodd i Thomas gymeradwyo'r ddarlith fel 'gwaith gorchestol' a mynnu fod y Prifathro yn 'hollol ffyddlon i wirionedd sylfaenol crefydd' (t.279).

Ymhlith rhinweddau mawr *Y Duw-Ddyn* oedd iddo osod y drafodaeth gyfoes yng nghyd-destun traddodiad Cristionogol yr oesau. Lewis Edwards yn anad neb a gyflwynodd wyddor diwinyddiaeth hanesyddol i'r Cymry a mynnu gweld hanes crefydd fel cyfanwaith yn hytrach na fel stori goruchafiaeth Protestaniaeth dros Babyddiaeth, ac oddi mewn i Brotestaniaeth, oruchafiaeth y naill sect ar y llall.[93] Ac yn hyn o beth roedd yr Edwards ieuaf yn llathen o frethyn ei dad. Roedd R.S.Thomas yntau wedi dysgu gan Charles Hodge yn Princeton fel y dylid deall yr eglwys nid yn nhermau sect ond fel corff catholig

[91] B.B.Warfield, 'Recent theological literature', *The Presbyterian and Reformed Review* 7 (1896), tt.367-8 [367].

[92] R.S.Thomas, ' "Y Duw-Ddyn" gan T.C.Edwards', *Y Traethodydd* 51 (1896), tt.277-85, 379-87 [278]. Cynhwysir rhifau tudalennau yng nghorff y testun.

[93] Lewis Edwards, *Traethawd ar Hanes Diwinyddiaeth y Gwahanol Oesoedd* (Wrecsam, d.d.).

Crist.[94] Y norm i T.C.Edwards (fel i R.S.Thomas) oedd nid sibolaethau enwad, pa mor werthfawr bynnag oedd y sibolethau hynny, ond 'yn ôl fel y mae yr eglwys wedi credu trwy y canrifoedd' (t.285). 'Y mae yr awdwr yn dangos ei gydnabyddiaeth o Gristyddiaeth y brif eglwys', meddai Thomas, 'a'i gydgordiad sylweddol â hi' (t.280).

Nid yn ei newydd-deb roedd cryfder *Y Duw-Ddyn* ond yn ei gytundeb, yn y pethau pwysig, â'r dogmâu Cristolegol traddodiadol. 'Y mae sylwedd yr hyn a draethai y Prifathraw ar ymgnawdoliad y Mab mewn cydgordiad â barn gyffredin Cristionogion' (t.379). Er i R.S.Thomas fedru tafoli'r traddodiad yn hynod ddeheuig a bod yn ddigon hyf i dynnu casgliadau croes iddo pan deimlodd fod angen gwneud hynny, doedd ganddo ddim mymryn o ofn croesi cleddyfau â T.C.Edwards yntau pan synhwyrai fod cam yn cael ei wneud â'r gwirionedd. Ac fel arfer, rhesymeg y Prifathro oedd ar fai. Fel lladmerydd ffyddlon dullwedd Princeton, mynnai Thomas fod y datguddiad Cristionogol, yn ei hanfod, yn eglur i bawb, a bod y meddwl dynol yn medru'i gwmpasu'n iawn. Felly pan soniai Edwards am baradocsau yng nghraidd yr athrawiaeth a mynnu fod dirgelion ynghylch yr ymgnawdoliad a oedd y tu hwnt i reolau arferol rhesymeg dyn, roedd Thomas ar ei fwyaf amddiffynol. 'Nid ydym ni yn cofio darllen dim o eiddo unrhyw awdur o safle y darlithydd sydd yn llawnach o elfennau gwrthddywediadol a chroes i reswm,' meddai (t.388).

> Nid dyfnder, dirgelwch, na thywyllwch sydd yn gynwysedig yn sylwadau ein hawdur ar sefyllfa ddeublyg y Logos, ond gwrthddywediad pur, digymysg. Y mae yn drosedd ar ddwy o ddeddfau sylfaenol a mwyaf amlwg rhesymeg, sef deddf hunaniaeth a deddf gwrthddywediad (t.389).

---

[94] Gw. John W.Stewart a James Moorhead (goln), *Charles Hodge Revisited: a critical appraisal of his life and work* (Grand Rapids, 2002), tt.118-123; cf. E.Brooks Holifield, *Theology in America: Christian thought from the age of the Puritans to the Civil War* (Yale, 2003), tt.386-8.

P'un ai bod Edwards yn iawn neu beidio yn ei dybiaethau ynghylch y Logos sy'n amherthnasol. I Thomas, ni ellid, wrth drafod Cristoleg, dorri rheolau rhesymeg hyd yn oed petai'r deunydd yn hawlio hynny. Yn y pen draw, roedd cyfundrefn athronyddol Thomas yn amodi ei ddealltwriaeth o'r datguddiad yn y Gair. Dyma wendid pennaf sgolastigiaeth Princeton, ac yn rhywbeth a fyddai'n baglu R.S.Thomas yn gyson yn y blynyddoedd i ddod.

Dyndod Crist

Erbyn blynyddoedd olaf y bedwaredd ganrif ar bymtheg roedd hi'n amlwg fod Cristoleg yn fwy na llenwi gorwelion meddyliol y diwinydd o Gwm Cynon. Cyfeiriai eto mewn ysgrif arall at 'ddarlith orchestol Dr. Edwards "y Duw-Ddyn"',[95] ond erbyn hynny ei awydd i gymhwyso categorïau seicoleg gyfoes ar athrawiaeth Person Crist oedd yn pwyso drymaf arno. Deuai yn fwyfwy beirniadol o'r duedd Apolinaraidd mewn uniongrededd. Er i gyngor yr eglwys a gyfarfu yn Chalcedon, yn ymyl Caergystennin, yn 451 OC fynnu fod Crist 'yn Dduw mewn gwirionedd ac yn ddyn mewn gwirionedd' a chanddo enaid rhesymol a chorff a thrwy hynny ei fod 'o'r un hanfod a ninnau yn ei ddyndod',[96] tueddai crefyddwyr, a'r diwinyddion yn eu plith, i ddibrisio llawn ddyndod yr Iesu trwy orbwysleisio'i dduwdod.

Dyna'n union a wnaeth Apolinaris o Laodicea (c.310-90). Er i Apolinaris gael ei gollfarnu gan Gyngor Chalcedon pan ystyriwyd ei ddysgeidiaeth yn heresi, mynnai Thomas fod yr eglwys, beth bynnag am ei chred ffurfiol, wedi arddel Apolinariaeth ymarferol ar hyd y canrifoedd gan fethu dirnad *llwyr* ddyndod Crist ym mhob peth. Cymwynas fwyaf y Gristoleg gyfoes oedd atgoffa'r eglwys o'r ffaith hollbwysig fod Iesu yn wir ddyn. Dyna gryfder y diwinyddion kenotig, sef y rhai (fel Thomas Charles Edwards) a fynnai fod y Mab wedi rhoi heibio'i briodoleddau dwyfol wrth ddod yn ddyn. Roedd

[95] R.S.Thomas, 'Y Parch. H.C.Powell ar Kenosis', *Y Traethodydd* 53 (1898), tt.401-19 [404].
Cynhwysir rhifau tudalennau yng nghorff y testun.
[96] Gw. R.Tudur Jones (gol.), *Ffynonellau Hanes yr Eglwys: Y Cyfnod Cynnar* (Caerdydd, 1979), t.171.

Thomas, fel yr oedd yn digwydd, yn ymwrthod â syniad y *kenosis*. Wrth dafoli syniadau'r diwinydd Anglicanaidd H.C.Powell mae'n ei ganmol am wneud yr un peth:

> Y mae Mr. Powell yn un o ddiwinyddion mwyaf iach ac uniongred yr oes bresennol. Y mae yn ddiau yn un o'r rhai mwyaf ceidwadol a berthyn i Eglwys Loegr ... sydd yn meddu teyrgarwch diledryw i wirionedd goruwchnaturiol y datguddiad dwyfol, ac sydd yn plygu yn ufudd ac isel o flaen ei awdurdod anffaeledig (t.401).

Ond gwahanol oedd temtasiwn yr uniongred i demtasiwn y kenotwyr. Os bygwth cyflawn dduwdod Crist a wnaeth y syniad o *kenosis*, bygwth cyflawn ddyndod Crist a wnaeth y ceidwadwyr. O leiaf, trwy fynnu fod y Logos wedi cymryd ato'i hun natur amhersonol, credai Thomas fod dyndod Crist yn cael ei fygwth a'i ddileu. Roedd Powell, meddai, yn debyg 'i gorff mawr yr eglwys [yn g]wadu fod gan ddynoliaeth Crist bersonoliaeth naturiol, ddynol o'i heiddo ei hun' (t.403). Hynny yw, roedd y diwinydd Anglicanaidd yn arddel syniad yr *enhypostasis*, fod dyndod Iesu yn gynrychioliadol yn hytrach nag yn neilltuol. Ni fu gan Iesu o Nasareth erioed bersonoliaeth gyflawn fel unigolyn, yn hytrach roedd dyndod Iesu yn *am*hersonol er mwyn cynrychioli'r hil ddynol yn ei chyfanrwydd. Ond yn ôl Thomas, aeth Powell ymhellach hyd yn oed na hyn. I Powell roedd 'y Mab wedi rhoddi ei ego ei hun iddi [sef dynoliaeth Crist] yn yr ymgnawdoliad. Felly, ego dwyfol yn unig sydd gan natur ddynol Crist ac nid ego dynol fel ag sydd gan bob dyn arall' (t.406). Yr hyn a ddigwyddodd yng nghroth y Forwyn oedd i'r 'ego a berthynai yn dragwyddol ddiddechrau i dduwdod y Mab ... gael ei wneud yn feddiant cyffredin natur dwyfol *a* natur dynol yr Iesu'. Amharodrwydd Powell i blygu i'r syniadaeth ddiweddaraf ym maes seicoleg oedd yn gyfrifol am yr amryfusedd hwn, ac i Thomas nid oedd ei Gristoleg yn ddim namyn 'Apolinariaeth gaboledig' (*ibid*).

Pwysigrwydd y drafodaeth dra thechnegol hon yw dangos fod R.S.Thomas a oedd, ym mhob dim arall, yn ddiwinydd ceidwadol ac uniongred iawn, yn barod i fod yn hynod fentrus pan deimlai fod y sefyllfa yn gofyn hynny, a bod ganddo'r cyfryw hyder i fedru herio'r consensws yn ddeallus dros ben. Ac yn yr achos hwn nid oedd ganddo gywilydd mynnu mai modernrwydd, sef y syniadau mwyaf cyfoes am seicoleg dyn, a oedd yn gorfodi'r newid arno. Nid rhywbeth ffosiledig a marw oedd yr etifeddiaeth ddiwinyddol Ddiwygiedig iddo ond rhywbeth a oedd yn agored i gael ei amodi a'i newid yng ngoleuni'r wybodaeth ddiweddaraf. Yn hynny o beth, diwinydd modern oedd y ceidwadwr pybyr o Abercynon.

'Undod personol y Duw-ddyn'

Uchafbwynt cyfraniad R.S.Thomas i'r astudiaeth o athrawiaeth Person Crist oedd ei ddwy gyfrol *Undod Personol y Duw-Ddyn* (1900) a'r *Atebion i Ddwy Gyfres Dr.Edwards ar Berson Crist* (1908). Lluniwyd y naill a'r llall ar droad y ganrif. Roedd y gyntaf, yn llyfr trwchus 450 tudalen, yn canoli ar un wedd o'r pwnc yn unig, sef natur y berthynas rhwng natur ddynol Crist a'i natur ddwyfol. 'Hyd y gwyddom', meddai, 'nid oes dim o un gwerth wedi cael ei ysgrifennu yn yr iaith Gymraeg ar y mater hwn'.[97] Mynd ati i lenwi

UNDOD PERSONOL
Y DUW-DDYN.

GAN Y

PARCH. R. S. THOMAS,
ABERCYNON.

Awdwr " Cyfiawnhad trwy Ffydd," ac " Adolygiad ar Paul yn Ngoleuni'r Iesu."

PRIS 4s. 6c. NETT.

MERTHYR TYDFIL:
JOSEPH WILLIAMS, ARGRAFFYDD, SWYDDFA'R " TYST."
1900.

---

[97] R.S.Thomas, *Undod Personol y Duw-Ddyn* (Merthyr Tudful, 1900), t.v.

bwlch oedd ei amcan, ac o wneud hynny darganfu Thomas iddo gyflawni mwy na'i fwriad: 'Credwn fod yr ymdriniaeth a geir ar yr undod yn y llyfr hwn yn helaethach na dim a geir mewn unrhyw lyfr y gwyddom amdano yn yr iaith Saesneg' (*ibid*). Mewn geiriau eraill, roedd y gwaith yn unigryw yn Saesneg ac yn Gymraeg. Roedd y gyfrol yn cynnwys, mewn gwirionedd, yr astudiaeth fanylaf erioed ar gwestiynau Cristolegol yn Gymraeg. Rhyngddi hi a'i ail gyfrol, na welodd olau dydd tan 1908, cafwyd yr ymdriniaeth Gymreig gyfoethocaf erioed ar y pwnc. Nid yw'n glod i neb fod y fath gyfoeth yn aros yn anhysbys hyd y dydd heddiw.

Tair rhan sydd i *Undod Personol y Duw-Ddyn*. Yn y rhan gyntaf ceir crynodeb manwl, cywir a chlir o hanes Person Crist o'r cyfnod patristig hyd at y bedwaredd ganrif ar bymtheg. Ymdriniaeth soffistigedig ar ystyr personoliaeth sydd yn yr ail sy'n dangos fod yr awdur yn ymwybodol o'r damcaniaethau diweddaraf, tra bod y rhan olaf yn crynhoi ei sylwadau ar union natur yr undod rhwng dwy natur person Iesu. Dengys y rhan gyntaf fod Thomas yn hanesydd syniadau cwbl ardderchog. 'Yn hanner cyntaf y llyfr', meddai J.Cynddylan Jones, 'ceir yr hanes manylaf a chyfoethocaf am Berson Crist yn yr iaith Gymraeg'.[98] Ni chyfyngwyd y gwerthfawrogiad i un enwad. Roedd y diwinydd Annibynnol Lewis Probert, prifathro Coleg Bala-Bangor, yr un mor wresog ei ganmoliaeth. Roedd yr awdur, meddai, wedi adrodd y stori 'gyda chywirdeb a manyldeb a brofant ei fod wedi cwbl feistroli hanes yr athrawiaeth'.[99] Ni fynnai Thomas ramantu'r hanes neu wyngalchu cymeriadau a oedd, er yn glodfawr yng ngolwg oesau diweddarach, yn medru bod yn ddigon annymunol a brith.

> Nis gallwn lai na gwrido wrth feddwl am y teimladau anghristionogol, ie annynol, a ddangoswyd gan arweinwyr Cristionogol at ei gilydd wrth ymdrin â natur a chyfansoddiad Person y Duw-Ddyn, yr hwn a gytunant i'w

---

[98] Dyfynnwyd yn R.S.Thomas, *Atebion i Ddwy Gyfres Dr.Edwards ar Berson Crist* (Abercynon, d.d., ond 1908), t.197.
[99] *Ibid.*

gydnabod yn Dywysog Tangnefedd a
Gwaredwr dynoliaeth (t.14).

Wrth ddisgrifio'r ymgiprys a fu'n gefndir i Gyngor Nicea yn
325 OC, sef y cyngor eglwysig a ddiffiniodd Athrawiaeth y
Drindod, meddai: 'Dygwyd yr holl Eglwys Ddwyreiniol o dan
lywodraeth y ddadl. Cyfododd esgob yn erbyn esgob a thalaith
yn erbyn talaith, a gwnaed y Dwyrain Cristionogol yn rhyfelfaes
diwinyddol' (t.42). Os oedd pethau'n ddrwg yn Nicea, yr
oeddent yn waeth yng Nghalcedon ganrif yn ddiweddarach:
'Torodd y ddadl allan gyda mwy o deimlad, cynddaredd a
chreulondeb nag erioed o'r blaen, yn hollol annheilwng o
ddilynwyr Crist' (t.77). Ond o'r tensiynau hyn y tarddodd yr
athrawiaethau yn eu ffyrdd aeddfed, ac er na fynnodd Thomas
gyfiawnhau'r casinebau, erbyn y diwedd cafwyd buddugoliaeth
i'r gwirionedd er i gariad ddioddef yn dost yn y broses.
    Wrth ymdrin â datblygiad y pwnc gallai Thomas grynhoi
dadleuon pur ddyrus a thynnu darluniau cofiadwy o gymeriadau
hanesyddol. Soniai am Sabeliaeth Paul a Samosata a'i gred mai
'yr un person, ond mewn ffurfiau gwahanol, yw y Tad, y Mab
a'r Ysbryd Glân' (t.29). Cyfeiriodd at Origen fel 'diwinydd
dysgedicaf a galluocaf y drydedd ganrif' (t.31), ac yna, wedi
mynd heibio i Hyppolitus a Novatian, nododd garreg filltir
bwysig dros ben: 'Tua y flwyddyn 365 y sefydlwyd yn weddol
derfynol dermyddiaeth Gristyddol, yn bennaf drwy y Tadau
Cappadocaidd' (t.37). Mae'n fawr ei glod i Athanasiws, fel y
gellid disgwyl: '[Roedd Athanasiws] yn un o ddynion mwyaf
treiddgar a grymus a welodd y byd, ac un oedd yn fodlon
aberthu popeth a feddai, hyd yn oed ei fywyd, er mwyn y
gwirionedd mawr a sylfaenol o dduwdod Crist' (t.43). O ran
Ariws, gwrthwynebydd Athanasiws, gŵr nad oedd yn credu yng
nghyflawn dduwdod Crist, 'Disgrifir Arius fel dyn tal, tenau,
dysgedig, dwys, gerwin, deheuig, balch, ac o fedr rhesymegol'
(t.32). Ni chyfyngir ei wybodaeth i'r cymeriadau hysbys yn
unig. Cyfeiriodd at Theodore o Mopsuestia, un nad oedd yn
agos mor adnabyddus ag Origen, Athaniasiws nac Ariws:
'Ystyrir Theodore yn un o ddynion mwyaf meddylgar yr eglwys

foreuol, ac ymhell o flaen ei oes mewn dirnadaeth gywir am ddynoliaeth y Gwaredwr, yn arbennig y rhan eneidiol ohoni' (t.55). Credodd Thomas i ddyndod Crist gael cam gan y diwinyddion cynnar, yn rhannol oherwydd dylanwad y meddyliwr Eifftaidd Apolinaris. Ond er gwaethaf hyn, roedd yn hael ei gydnabyddiaeth o'i allu:

> Apolinaris oedd y cyntaf i dynnu sylw yr eglwys yn arbennig at Gristyddiaeth ... Y mae yn ymddangos taw efe oedd y cyntaf i feddwl yn ddwfn ac yn helaeth ar y pwnc hwn, a'r cyntaf sydd yn adnabyddus i mi i deimlo yr anawsterau mawrion sydd ynglŷn ag ef, yr hyn ynddo ei hun a arddengys ac a brawf grafftter a dyfnder ... ei feddwl (t.46).

Ac yna, wrth drafod Maximus Gyffeswr (580-662 OC), diwinydd a wnaeth ei gyfraniad mewn cenhedlaeth ddiweddarach, meddai: 'Efe oedd y dadleuwr dysgedicaf a galluocaf [yn] y cyfnod dan sylw, ac un o'r dynion mwyaf treiddgar a galluocaf yn holl hanes yr eglwys' (t.96).

Ceir enghreifftiau mynych yn yr ymdriniaeth hanesyddol hon o grafftter R.S.Thomas a'i ddealltwriaeth sythweledol o oblygiadau'r safbwyntiau y mae'n eu disgrifio. Sylweddolodd yn reddfol wendid Apolinaris, er enghraifft:

> Os oedd y Logos yn Dduw cynhanfodol â'r Tad, fel yr ymresymai Apolinaris, yna yr oedd cyfnewidioldeb moesol ynddo ... yn llwyr amhosibl. Y mae anghyfnewidioldeb y sylwedd uchanianol yn sicrhau anghyfnewidioldeb moesol. Yr oedd holl gylch meddwl y Duw-ddyn yn cael ei nodweddu gan yr un sefydlogrwydd dwyfol a meddyliau, bwriadau a theimladau y Tad ei hun (t.46).

Yn ogystal â'r craffter hanesyddol hwn, gwyddai pan oedd yr hen wironeddau yn cytuno â darganfyddiadau cyfoes. 'Yn gydfynedol â'r syniadau rhagorol hyn am y natur ddynol yn gyffredinol', meddai, wrth drafod Theodore o Mopsuestia, 'y rhai sydd mewn dwfn gydgordiad â ... gwyddoniaeth yr oes oleuedig hon, daliai efe i'r Mab gymeryd dynoliaeth gyfan o ran personoliaeth, a honno mewn angen i gael ei datblygu a'i pherffeithio fel pob personoliaeth arall' (tt.56-7). Ac roedd hyn yn bwysig iawn i Thomas wrth iddo ystyried natur Iesu Grist fel dyn.

Enhypostasis?

Fel y gwelwyd eisoes, roedd R.S.Thomas yn drwgdybio yn fawr duedd uniongrededd i ddibrisio dyndod Crist er i'r eglwys ddyfarnu yn swyddogol o blaid y gred ei fod yn 'wir ddyn'. Ond oherwydd yr awydd i roi blaenoriaeth i'r Logos dwyfol yn yr ymgnawdoliad, datblygodd y syniad o *enhypostasis*, sef fod y Mab tragwyddol wrth gymryd ato'i hun natur dyn, wedi ymuniaethu â natur amhersonol. Golygai hyn nad oedd gan Iesu o Nasareth unrhyw hunaniaeth ar wahân i'r un a roddwyd iddo gan y Logos tragwyddol. 'Nid oedd gan ei ddynoliaeth ef bersonoliaeth gynhenid o'i heiddo ei hun fel sydd gan bob naturiaeth ddynol arall', esboniodd y diwinydd, 'ond personolwyd ei ddynoliaeth gan ei bersonoliaeth ddwyfol' (t.93). Os oedd hyn yn wir, fel yr oedd yr eglwys wedi tybio ers ymhell dros fileniwm a hanner, golygai fod Iesu yn amddifad o'r 'elfen uchaf, ogoneddusaf, a berthyn i ddynoliaeth, sef personoliaeth' (t.121). Sut, felly, gallai Iesu o Nasareth fod yn Waredwr i unigolion onid oedd ganddo hunaniaeth neilltuol fel unigolyn? Camgymeriad oedd y syniad o *enhypostasis* yn ôl R.S.Thomas, yn tarddu o awydd i warchod undod natur ddynol Crist â natur dragwyddol y duwdod. Oherwydd hyn, cytunodd yr eglwys 'i aberthu personoliaeth ddynol y Duw-ddyn ar allor yr undod personol' (t.95). Ond erbyn y cyfnod modern pan oedd seicoleg yn rhoi sylw cynyddol i'r syniad o bersonoliaeth fel nod amgen hunaniaeth ddynol, roedd hi'n hen bryd adolygu athrawiaeth Person Crist yng ngoleuni'r ymchwil gyfoes. 'Diffyg mawr y dadleuon Cristyddol yn holl oesoedd boreuaf yr eglwys oedd amddifadrwydd o syniadaeth glir a sefydlog am natur personoliaeth', meddai. 'Ac nid yw y diffyg hwn wedi cael ei lwyr ddileu yn ein dyddiau ni' (t.96).

Ceisiodd R.S.Thomas wneud cyfiawnder â dwy natur Person Crist trwy fynnu fod gan Iesu ddwy ewyllys ac nid un. Oherwydd gofynion yr *enhypostasis*, daethpwyd i gredu fod ewyllys ddwyfol Iesu mor ganolog yn ei gyfansoddiad nes bod yr ewyllys ddynol i bob pwrpas wedi cael ei dileu. Ond i Thomas, fel i Maximus Gyffeswr yn y chweched ganrif, roedd hyn yn sawru o heresi. Os llyncwyd yr ewyllys ddynol gan yr ewyllys ddwyfol, sut y gellid haeru i Iesu fod yn wir ddyn? Onid, yn hytrach, rhyw fath o awtomaton ydoedd. Wedi'r cwbl, mynnai'r Testament Newydd i Iesu *gynyddu* mewn hunan adnabyddiaeth a gwybodaeth ac iddo gael ei *berffeithio* gan ei brofiadau dynol (Luc 2:39, 41-52, Heb.5:9). Trwy bwysleisio natur dragwyddol, ddigyfnewid ac anhyboen y Logos yn ymuniaethu â dyn, tueddwyd i anghofio'r ffeithiau amlwg ac ysgrythurol hyn. Ond onid oedd y deunydd beiblaidd yn gorfodi pobl i dynnu'r casgliad mai dwy ewyllys oedd gan Grist, a'r ddwy, yng ngeiriau Diffiniad Chalcedon, 'heb gymysgu, heb gyfnewid, heb ymrannu, heb ymwahanu'? Roedd dilynwyr Maximus, er na ddaeth eu syniadau yn flaenllaw yn yr eglwys, wedi deall hyn a chynnig ffordd ymlaen:

> Caniataent nad oedd undeb yr ewyllys ddwyfol â'r ewyllys ddynol yn gormesu ar ryddid ac annibyniaeth gweithrediad yr olaf, ond yn hytrach cydnabyddent nad oedd yr ewyllys ddynol, ar ddechrau ei gweithrediad, mewn hollol gydgordiad â'r ewyllys ddwyfol, ond ei bod yn diweddu mewn cydgordiad â hi ar ôl mwynhau ei ryddweithrediad, yn unol â deddfau natur (tt.107-8).

Os perygl uniongrededd oedd Apolinariaeth anymwybodol, tuedd Maximus (ac R.S.Thomas) oedd Nestoriaeth anymwybodol, sef hollti'n ormodol rhwng y ddwy natur a'i gilydd. Ond credai Thomas nad oedd y pris yn ormod i'w dalu er mwyn gwneud perffaith gyfiawnder â dyndod Crist.

Gwelir o'r uchod pa mor anghyffredin oedd rhychwant gwybodaeth y diwinydd o Gwm Cynon a pha mor graff oedd ei grebwyll athrawiaethol. Mae'n trin gyda'r un difrifoldeb: Nestoriaeth ('[bod] llacrwydd gormodol ... rhwng y dwyfol a'r dynol, yr hwn sydd yn syrthio yn fyr o fod yn undeb personol rhwng y ddwy natur' (t.59)), Eutychiaeth, monophysiaeth neu 'un-naturiaeth' fel y geilw hi, syniadaeth Cyril o Alexander ac yna eiddo Leontis o Jerwsalem, ac mae'i ddealltwriaeth o Gristoleg yr oesoedd canol yr un mor helaeth. Mae'n tafoli'n deg gyfraniad Boethius a Phedr Lombard gan gollfarnu'r olaf am ddibrisio Athrawiaeth yr Iawn: 'Nid amcan bywyd daearol Crist oedd dysgu yn unig fod Duw yn faddeugar, fel y dysgid gan Pedr [Lombard], ond hefyd, ac yn bennaf, ddarparu sail ddigonol iddo i faddau' (t.135).

Y mae Thomas hefyd yn gwbl gyfarwydd â datblygiad yr athrawiaeth ymhlith y Diwygwyr Protestannaidd. Mae'n trafod yn fedrus argyhoeddiad Luther (a ddrwgdybiwyd gan Calfin) fod gan y ddynoliaeth allu cynhenid - *capax infinitum* - i gymathu'r dwyfol, ac mae'n cael cryn hwyl ar esbonio craidd y gwahaniaeth rhwng y ddiwinyddiaeth Galfinaidd a'r ddiwinyddiaeth Lutheraidd ar fater Cristoleg, sef y *communicatio idiomatum*: 'Dyma Aceldama y ffrwydr Gristyddol rhwng y Lutheriaid a'r Diwygwyr' (t.154). Yn ôl dilynwyr diwygiwr Wittenberg, roedd hi'n gwbl dderbyniol priodoli nodweddion dwyfol Crist i'w holl berson cyfansawdd. Roedd hyn yn gwneud y Crist *dynol* yn hollalluog, yn hollbresennol, yn hollwybodol ac yn y blaen, a dyma sail damcaniaeth Luther ynghylch cydsylweddiad Crist yn elfennau'r ewcharist a'i bresenoldeb real yn y bara ac yn y gwin. Nid oedd gan Thomas fawr gydymdeimlad â'r dyb hon: 'Dengys hyn yr eithafion afresymol ac ynfyd y mae hyd yn oed dynion galluog a dysgedig yn agored i ruthro iddynt er mwyn ategu rhyw fympwy neilltuol'(t.162)!

Wrth nesáu at ei gyfnod ei hun pwysleisio a wnaeth y newidiadau a ddigwyddodd yn y ddealltwriaeth o Berson Crist o ran sylwedd ac o ran ysbryd. 'Efallai na fu erioed fwy o gyfnewid yn syniadaeth Gristyddol yr eglwys a fu er canol y ganrif flaenorol,' meddai, 'ac yr ydym yn credu ein bod yn gywir wrth ddywedyd na fu erioed gymaint o gyfnewid mewn cyn lleied o amser' (t.176). Y peth mwyaf amheuthun amdano oedd y ffaith fod Cristionogion bellach yn fodlon parchu'i gilydd yn hytrach na difrïo, collfarnu ac ysgymuno'i gilydd. Erbyn hyn roedd Thomas – a fu'n chwannog gynt i drin ei wrthwynebwyr yn galed, *pace* Llewelyn Ioan Evans – wedi meirioli llawer ac yn cydnabod pwysigrwydd trafodaeth frawdol ac agored ymhlith pobl a fyddai'n debygol o dynnu casgliadau pur groes i'w gilydd. Am fod y traddodiad clasurol wedi myfyrio mor helaeth ar ddirgelwch yr ymgnawdoliad, nid yw'n ofni am iechyd y ffydd. Gallai ddweud am ei gyfoeswyr mwy rhyddfrydol a oedd yn arddel y syniad o *kenosis*, 'Glynodd y mwyafrif wrth y farn draddodiadol, fod yr Arglwydd Iesu Grist yn wir a pherffaith Dduw, yn berson gwahaniaethol oddi wrth y Tad, cydhanfodol ag Ef, a thragwyddol o ran ei dduwdod' (t.180). Daioni ac nid cyfeiliorni a fyddai'n dod o'r trafodaethau cyfoes. Ond prif rinwedd y newidiadau diweddar oedd iddynt orfodi'r eglwys i gymryd dyndod Crist yn fwy o ddifrif nag erioed o'r blaen:

> Daeth dynion i deimlo fod yr hen ddamcaniaeth yn anghyson ag egwyddorion sylfaenol eneideg, ac yn anghyson â phortread yr efengylau o'r Duw-ddyn, yr hwn sydd yn cynnwys fod y Mab wedi cymryd dynoliaeth gyflawn o ran personoliaeth ... i undeb personol ag Ef ei hun (tt.186-7).

Yr hyn a geir yn ail ran y gyfrol *Undod Personol y Duw-Ddyn* yw trafodaeth helaeth ar y cysyniad o berson mewn diwinyddiaeth ac athroniaeth a'r gwahaniaeth rhwng hynny ac ystyr personoliaeth. Dangosodd Thomas ei ddyled i athroniaeth 'synnwyr cyffredin' yr Alban, yn enwedig fel y'i ceid yng ngwaith James McCosh (1811-94), y gŵr a fu am flynyddoedd yn Llywydd Prifysgol Princeton. Tarddodd y syniadaeth hon yn wreiddiol o waith Sgotyn arall, Thomas Reid (1710-96), awdur *An Inquiry into the Human Mind* (1764) ac olynydd Adam Smith yng nghadair athroniaeth foesol Glasgow. Os mynnodd yr empeirydd David Hume mai'r unig wybodaeth y gallai'r unigolyn ei chanfod i sicrwydd oedd gwybodaeth o'i synhwyrau ei hun, haerodd Reid fod y wybodaeth a ddeuai i'r meddwl ar hyd y synhwyrau yn cyfateb i realiti gwrthychol y tu allan i'r meddwl dynol. Yn ôl y farn hon, roedd greddfau cynhenid y meddwl yn sicrhau nad hunan-dwyll oedd gwrthrychedd y byd allanol ond rhywbeth a warantwyd gan drefn pethau yn ôl arfaeth y Duw daionus. Mater o 'synnwyr cyffredin' oedd hyn, a gellid cymryd y drefn hon yn ganiataol fel y gellid cymryd yn ganiataol allu'r unigolyn synhwyrol i ganfod realiti'r drefn trwy ddefnyddio'i reswm ei hun.

Beirniadaeth gyson R.S.Thomas ar feddylwyr fel y sgeptig Hume, y seicolegydd Americanaidd William James, J.S.Mill a Thomas Huxley oedd i'w cyfundrefnau fod yn groes i 'synnwyr cyffredin'. Ar ôl disgrifio tybiaeth Hume fod yr enaid yn gynwysedig o argraffiadau seicolegol wedi'u clymu ynghyd gan amrywiaeth o ddeddfau natur, ei sylw oedd: 'Y mae yn syndod i ni pa fodd y gall dyn mor graff â Hume ddal y fath ddamcaniaeth ryfedd, [sydd] mor annaturiol a chroes i brofiad y ddynolryw yn gyffredinol' (t.213). Roedd pob tybiaeth, fel eiddo Hume, a oedd yn creu hollt rhwng realiti gwrthrychol a'r synhwyrau goddrychol yn groes i argyhoeddiad cyffredinol y ddynoliaeth, argyhoeddiad a oedd, yn ôl Thomas, yn wir ymhob oes ac o dan bob amgylchiadau. Byddai rhagdybio'r fath hollt 'yn ein barn ni ... yn hollol afresymol, a chroes i farn gyffredin dynoliaeth, y rhai a wyddant yn gyngreddfol (*sic*) eu bod hwy eu hunain yn rhywbeth gwahanol i'r gyfres gymysglyd ... o deimladau gwibiog' (t.215). Yn ôl ei farn ef, roedd gan ddyn wybodaeth gynhenid o'i hunaniaeth ei hun, gwybodaeth a oedd yn amddifad o gymhlethdod a pharadocs. 'Y gwir yw', meddai, 'fod damcaniaethau Hume, Kant a James am natur yr enaid mor bell oddi wrth y gwirionedd, mor annaturiol a mor groes i eneideg ac uchaniaeth synnwyr cyffredin fel nas gall y cyfryw fod yn gywir' (t.233). I R.S.Thomas, fel i Thomas Reid a'i ddilynwyr, roedd 'gwirionedd' a 'synnwyr cyffredin' yn gyfystyron, a gallu cynhenid dyn i'w canfod yn ddi-feth.

Albanwr oedd James McCosh a addysgwyd ym Mhrifysgol Caeredin yr un pryd â Lewis Edwards, y Bala, ac a fu yn athro rhesymeg yng Ngholeg y Frenhines, Belfast, cyn ei benodi yn 1868 yn llywydd Prifysgol Princeton. Roedd yn lladmerydd galluog iawn i athroniaeth synnwyr cyffredin Thomas Reid mewn cyfnod pan oedd y pwyslais hwnnw yn cael ei herio'n gyffredinol gan newidiadau ym myd seicoleg a gwyddoniaeth. Gan dynnu ar ei *Defence of Fundamental Truth* (1889) a chyfrolau eraill, mae Thomas yn gosod ger bron ei syniadau ei hun ynghylch y bersonoliaeth ddynol a dull y meddwl o weithredu. Roedd yr enaid dynol, meddai, o duedd sefydlog. Pam? 'Dyma'r [ddamcaniaeth] sy'n boblogaidd gan synnwyr cyffredin o ddechreuad meddylgarwch dynol hyd yn bresennol' (t.240).

Gan adlewyrchu'r athrawiaeth uniongred ynghylch symylrwydd Duw, roedd yr enaid, a grewyd ar lun a delw Duw, yntau'n syml ac yn ddigyfnewid yn ei hanfod. 'Yng nghanol holl ferw cyfnewidiadau tufewnol y meddwl', meddai, 'y mae yna ryw deimlad annarostyngol o hunaniaeth, yr hwn sydd yn ymdebygoli i anghyfnewidioldeb y Duwdod mawr ei hun, yn meddiannu a llywodraethu dynion yn eu hiawn bwyll' (*ibid.*). I Thomas dyna'r rhagdybiaeth ar gyfer pob gwybodaeth o'r iawn ryw a'r unig sylfaen safadwy y gallai'r rheswm dynol ymorffwys arno. 'Ymdeimlad o fodolaeth hwn', meddai, 'yw sail posibilrwydd crediniaeth ym modolaeth pob peth arall, hyd yn oed ym modolaeth Duw ei hun' (t.241). Mewn geiriau eraill, roedd R.S.Thomas yn clymu'r gred yn Nuw yn dynn iawn wrth ei ddamcaniaeth athronyddol ynghylch hunaniaeth yr enaid unigol. 'Y mae gan [yr enaid] wybodaeth uniongyrchol, gyngreddfol ohono'i hun fel sylwedd', meddai, 'yn ôl y darnodiad roddir ohono gan McCosh' (*ibid.*). Mae'n bwysig cofio nad ffrwyth gras mo hyn ond cynnedf a oedd yn perthyn i bob dyn yn sgil ei greadigaeth. Roedd pawb yn ei iawn bwyll yn berffaith ymwybodol ohono'i hun ac roedd y wybodaeth hon 'yn hollol ddigyfnewid ar waethaf pob ymosodiad a wneir arni, ac yn dal felly yn fwy na'r graig' (*ibid.*). Mewn byd cyfnewidiol ac yng nghanol berw o syniadau croes, dyma dir cadarn a oedd yn sicrhau eglurder ac uniondeb i'r ddynolryw: 'Y mae synnwyr cyffredin dynoliaeth wedi angori ei hun yn sefydlog wrth y gwirionedd sylfaenol hwn' (t.248).

Er mai trafodaeth ar y canfyddiad dynol oedd hon, bwriad R.S.Thomas oedd ei gysylltu â'i ddealltwriaeth o natur dyndod Crist. Roedd y bwriad yn ganmoladwy. Y gwendid, wrth gwrs, oedd iddo uniaethu'r ddealltwriaeth honno â safbwynt seicolegol a oedd hyd yn oed y pryd hynny yn cael ei ystyried yn amheus o hen ffasiwn. Roedd dyndod Crist yn annibynnol ar bob damcaniaeth amdano, yn union fel roedd y seice dynol yn bod yn annibynnol ar bob damcaniaeth am ei natur yntau. Ond yn nhermau perthnasedd i'w hoes hyd yn oed, roedd yr elfennau rhesymoliaethol yn yr athroniaeth synnwyr cyffredin yn ei gwneud yn anaddas fel dehongliad boddhaol o natur realiti. Roedd ffydd ddiysgog ei lladmeryddion yn y method annwythol ac yng ngallu dyn i ddod o hyd i wirionedd terfynol amdano'i hun trwy ei ganfyddiad ei hun, yn gwneud eu cyfundrefn yn debycach i eiddo'r Eglwys Gatholig am y ddeddf naturiol nag i unrhyw athroniaeth a oedd yn tarddu o'r Diwygiad Protestannaidd. Roedd yr optimistiaeth anghalfinaidd ynghylch cyneddfau rhesymegol dyn yn drawiadol dros ben. Nid oedd realwyr yr Alban – Presbyteriaid da bob un – fel petaent yn credu fod eu deall wedi'u handwyo gan y Cwymp! Ac roedd y cysylltiad rhwng yr hunanddeallwriaeth dybiedig hon a'r adnabyddiaeth o Dduw trwy'r *analogia entis* neu gyffelybiaeth bod yn fwy sgolastig nag efengylaidd. Fodd bynnag, roedd meistrolaeth Thomas ar brif elfennau'r athroniaeth synnwyr cyffredin yn drwyadl, a'i degwch wrth dafoli syniadaeth meddylwyr fel Hume, Kant, James a Mill, yn ei wneud yn gymeriad tra anghyffredin yng Nghymru ei gyfnod. Nid ddylai'r ffaith fod ei safbwynt yn groes i'r consensws a oedd yn ymffurfio ar y pryd ein dallu i'w hynodrwydd, ac ni ddylai neb fychanu ei ddifrifoldeb na'i ddawn. Roedd hyd yn oed seicoleg R.S.Thomas yn rhywbeth a haeddai edmygedd a pharch.

Crynhoi

Tynnu'r edafedd at ei gilydd a wnaeth Thomas yn rhan olaf y gyfrol a chanoli ar y syniad o undod y dynol a'r dwyfol ym mherson y Mab. Iddo ef, er bod gan Iesu o Nasareth bersonoliaeth ddynol, nid 'person' ydoedd fel y cyfryw. 'Yr oedd amddifadrwydd dynoliaeth Crist o unigoliaeth ... yn atalfa ar ei ffordd o fod yn berson; personoliaeth yn unig ydoedd. Ac y mae hyn yn sail yr athrawiaeth feiblaidd ac eglwysig o undod personol y Duw-ddyn' (t.272). I Thomas, roedd rhaid cyfyngu'r gair 'person' i'r hyn oedd yn ddwyfol yn unig, Y Tad, y Logos tragwyddol a ddaeth yn gnawd, a'r Ysbryd Glân. Yr hyn a wnaed yn yr ymgnawdoliad oedd i'r Logos ei uniaethu'i hun â'r Iesu dynol ac o hynny allan, i'r dwyfol a'r dynol weithredu fel un. 'Nid oedd ei ddynoliaeth, fel y credwn, yn feddiannol ar fodolaeth a gweithrediad gwhanedig ac annibynnol ar y person dwyfol a'i cymerodd i undeb personol ag Ef' (t.269). I Thomas, y Logos tragwyddol oedd y 'person' dwyfol. Roedd Iesu o Nasareth, a feddai ar bersonoliaeth ddynol gyflawn, heb fod yn 'berson' fel y cyfryw. Fel y gwelsom, roedd y gair 'person' i'w gyfyngu i'r dwyfol yn unig, y Tad, y Logos tragwyddol, a'r Ysbryd Glân. Am yr Iesu dynol, 'ni hanfododd un eiliad erioed ar wahân i berson dwyfol y Mab, ac ni weithredodd erioed ar wahân ac yn annibynnol arno' (t.271).

Perygl mawr safbwynt Cristolegol Thomas yw mabwysiadaeth (*adoptionism*), fod y Logos dwyfol wedi *mabwysiadu* corff a seice dynol, sef eiddo Iesu o Nasareth, yn hytrach na bod i'r undod wedd dragwyddol. A dweud y gwir, trwy hepgor y syniad o *enhypostasis*, nid oedd Thomas mewn ffordd i atal hyn rhag digwydd. Holl amcan yr *enhypostasis* a'r syniad fod Crist yn meddu ar natur *am*hersonol oedd nid tanseilio ei lwyr ddyndod ond sicrhau fod y dyndod hwnnw yn wir gynrychioliadol ac yn berthnasol i bawb. Ar wahân i hynny, unigolyn fyddai Iesu, a'i fywyd a'i farwolaeth yn ynysig oddi wrth weddill yr hil a heb fod, yn ei hanfod, yn berthnasol iddynt. Ffordd Thomas o osgoi goblygiadau hyn oedd pwysleiso'r undod ysbrydol rhwng y dwyfol a'r dynol wedi i'r ymgnawdoliad ddigwydd. Yr hyn a wnaeth yr undod oedd 'difodi yr elfen o unigoliaeth ynysol ag sydd yn nodweddu personau dwyfol yn gyffredinol, ac yn eu cyfansoddi yn bersonau unigol a gwahanedig' (t.271). Fodd bynnag, mabwysiadaeth sydd yma, mewn ymgais (glodwiw ond methiannus, efallai) i warchod dyndod Crist.

Sut, felly, y dylid dehongli Cristoleg R.S.Thomas yn y gyfrol swmpus hon? Nid oes amheuaeth ganddo fod Duw wedi'i ddatguddio'i hun yn gyflawn ac yn derfynol ym mherson Iesu, a bod Iesu yntau yn wrthrych addoliad a mawl. 'Yn y Duw-ddyn, y mae y Creawdwr a'r creadur wedi dyfod i'r undeb agosaf a'i gilydd – undeb personol,' meddai (t.285). Nid oes amheuaeth ychwaith iddo'i weld ei hun yn sefyll ym mhrif draddodiad diwinyddol yr eglwys a oedd yn mynd yn ôl, trwy Gyngor Chalcedon, at y Testament Newydd ei hun. 'Nis gallesid yn rhesymol ddisgwyl gwell datganiad, mwy pwyllog, astudgar, eang a gofalus o wirioneddau y Beibl am natur a chyfansoddiad person y Duw-ddyn' na'r hyn a gafwyd yn Niffiniad Chalcedon yn 451 OC, meddai (t.295). Dyna'r datganiad a fynnodd fod Crist 'yn Dduw mewn gwirionedd ac yn ddyn mewn gwirionedd' a bod ganddo enaid rhesymol a chorff a thrwy hynny ei fod 'o'r un hanfod a ninnau yn ei ddyndod'.[100] Ond eto, ni fynnai dderbyn syniadau'r Tadau Eglwysig cynnar am natur amhersonol Person Crist na'u pwyslais ar wedd dragwyddol undod personol y Duw-ddyn.

---

[100] Gw. nodyn 90 uchod.

Os oedd dynoliaeth y Gwaredwr yn amhersonol ynddi ei hun, ar wahân i'r person dwyfol, yna yr oedd yn llai cyflawn a pherffaith nag eiddo dynion yn gyffredinol, yr hyn sydd yn dybiaeth anghydweddol â theimlad Cristionogion yn gyffredin, anghydweddol â thôn gyffredin dysgeidiaeth y Beibl, ac anghydweddol ag egwyddorion sylfaenol y natur ddynol (t.327).

Er i ddysgawdwyr mawr, gan gynnwys Charles Hodge, ei athro hybarch yn Princeton, arddel y syniad uniongred hwn, ni allai gŵr mor annibynnol ei farn ag R.S.Thomas gytuno ag ef. 'Ond atolwg, pa hawl sydd gennym i ysbeilio dynoliaeth yr Iesu o'r elfen ardderchocaf a feddai yn gynhenid?' (t.339). Ynghylch yr *enhypostasis* yn gyffredinol, meddai:

Nid ydym hen synnu peth yn ddiweddar at y ffaith fod y ddamcaniaeth dan sylw wedi cael y fath gymeradwyaeth a derbyniad cyffredinol gan yr Eglwys Gristionogol, gan gynnwys ei phrif feddylwyr ... Math o Apolinariaeth buredig ... yw yr athrawiaeth dan sylw ... Y mae gwirionedd yn galw am ei difodiad (t.340).

Er y byddai'r ddiwinyddiaeth ryddfrydol, a oedd eisoes yn dechrau cipio dychymyg y to ieuaf o ddiwinyddion Cymreig, yn cyflawni hyn o ddymuniad cyn pen dim,[101] byddai'r golled i sylwedd y ffydd yn un drom ac yn un na ellid, mewn gwirionedd, mo'i goddef. Genhedlaeth yn ddiweddarach mynodd diwinydd disgleiriaf yr adwaith gwrth-ryddfrydol (sef J.E.Daniel) adfer y ddamcaniaeth ynghylch natur amhersonol Person Crist drachefn. Beth beth bynnag oedd gwendidau Cristoleg Daniel – ymylai at fod yn Apolinariaeth onid

---

[101] Gw. Robert Pope, *Seeking God's Kingdom: The Nonconformist Social Gospel in Wales*, 1906-39 (Cardiff, 1999), *passim*.

docetiaeth bur [102] – erbyn y 1930au roedd y syniad o *enhypostasis* yn ganolog i'w gyfundrefn athrawiaethol.[103] Yr eironi, wrth gwrs, oedd i geidwadwr diwinyddol fel R.S.Thomas agor y ffordd ar gyfer Cristoleg hiwmanistaidd y rhyddfrydwyr llac, tra bod Daniel (a oedd, dan ddylanwad ei athro radicalaidd Rudolf Bultmann) yn hynod sgeptigaidd ynglŷn â phosibilrwydd gwybod dim am fanylion hanesyddol y Testament Newydd, wedi gwneud mwy na neb i adfer bri uniongrededd drachefn. Roedd hi'n rhyfedd o fyd!

'Atebion i Ddwy Gyfres Dr Edwards'

Cyfrol olaf R.S.Thomas ar Gristoleg, ac nid hwyrach ei gyfrol fwyaf hylaw a defnyddiol ar y pwnc, oedd ei *Atebion i Ddwy Gyfres Dr.Edwards ar Berson Crist* (1908). Dechreuodd ar y gwaith ddeng mlynedd ar hugain a mwy ynghynt pan ddarllenodd, ar dudalennau *Y Cyfaill o'r Hen Wlad*, gyfres o gwestiynau ar Berson Crist a luniodd Lewis Edwards, y Bala, ar gyfer deiliaid yr ysgolion Sul. 'Parodd eu rhagoroldeb i mi eu hoffi, a phenderfynais wneud fy ngorau i'w hateb yn gyhoeddus yn *Y Cyfaill*, yr hwn olygid ar y pryd gan y Dr William Roberts tra yr oedd yn bugeilio eglwys y Trefnyddion Calfinaidd yn Bellevue, Pennsylvania'.[104] Roedd Thomas a'i wraig yn aelodau yn eglwys Dr Roberts ar y pryd, ac er ei fod yn gweithio tan ddaear, roedd Thomas eisoes wedi magu blas ar gyfrannu at y cylchgronau. 'Gan nad oedd gennyf ar y pryd lawer o lyfrau, fy manteision addysgol ond ychydig, a'm hamser fel gweithiwr tanddaearol yn brin, teimlwn ychydig yn ofnus i ymgymeryd â'r gwaith'.[105] Ond gyda'i weinidog William Roberts yn gefn iddo, mentro a wnaeth a chyhoeddwyd ei atebion gwreiddiol yn *Y Cyfaill* yn 1877-8.[106] Mesur sefydlogrwydd barn Thomas oedd i'r fersiwn a ymddangosodd fel cyfrol yn 1908, ac yntau erbyn

---

[102] D.Densil Morgan, *Torri'r Seiliau Sicr: Detholiad o Ysgrifau J.E.Daniel* (Llandysul, 1993), tt.45-6.

[103] J.E.Daniel, *Dysgeidiaeth yr Apostol Paul* (Abertawe, 1933), tt.117-8.

[104] Thomas, *Atebion i Ddwy Gyfres Dr.Edwards ar Berson Crist*, t.iv.

[105] *Ibid.*

[106] Rowland S.Thomas, 'Atebion i'r holiadur ar Berson Crist, oddi wrth y Parch. Ddr. Edwards, Bala', *Y Cyfaill o'r Hen Wlad* 40 (1877), tt.160-2, 169-208, 234-5, 324-6, 438-40, 474-5, *Y Cyfaill o'r Hen Wlad* 41 (1878),. tt.32-3, 79-80.

hynny â phrofiad oes o fyfyrio ar y materion hyn, fod mor debyg i'r hyn a luniodd yn ei amser hamdden pan oedd yn löwr ifanc yn Scranton a Wilkes-Barre gynt. Er gwaethaf treigl y blynyddoedd, roedd 'lliaws yn America a Chymru wedi fy annog i'w cyhoeddi yn llyfryn. Gobeithio y caiff llawer les meddyliol drwyddynt, dan fendith yr Arglwydd, trwy eu goleuo a'u cadarnhau yn athrawiaeth fawr a chanolog y grefydd Gristionogol' (t.v).

Ailadrodd, mewn termau mwy cryno, lawer o'r hyn a gafwyd yn *Undod Personol y Duw-Ddyn* a wnaeth yn y gyfrol fechan hon. Sonnir am y dystiolaeth feiblaidd o blaid y gred fod Crist yn Dduw ac yn ddyn; y ffaith fod personoliaeth Iesu'n gyflawn o ran ei ddyndod ac i'w dduwdod gael ei effeithio gan yr ymgnawdoliad: 'Bob yn ychydig daeth i wybodaeth am ddwyfoldeb ei berson' (t.42). Crybwyllir hefyd y berthynas rhwng y ddwy ewyllys ym mherson Crist a'r cyswllt rhwng hynny ac Athrawiaeth y Drindod ac Athrawiaeth yr Iawn. Dangosodd Thomas eto yr annibyniaeth barn a ddaeth mor nodweddiadol ohono. Er i syniad Origen am dragwyddol cenhedliad y Mab - 'Am fod y Tad yn dragwyddol, mae'r Mab hefyd yn dragwyddol a'i berthynas â'r Tad yn llwyr y tu allan i gategorïau amser'[107] - ddod yn rhan o gynhysgaeth uniongred yr eglwys er y drydedd ganrif, ni fynnodd Thomas mo'i dderbyn: 'Gellir dal yn gryf y tragwyddol fabolaeth', meddai, 'tra yn ymwrthod â'r ddamcaniaeth eglwysig o dragwyddol genhedliad. A dyma ein safle ddiwinyddol ni yn bresennol' (t.82).

Dawn unigryw yn y Gymru Edwardaidd oedd eiddo R.S.Thomas. Er bod gan yr holl enwadau Ymneilltuol (a'r Eglwys Wladol) ddynion o allu yn eu gwasanaethu, ni threiddiodd neb yn ddyfnach i gyfrinion yr athrawiaethau Cristionogol nag yntau, ac o'i genhedlaeth, ni feddai neb wybodaeth lwyrach o hanes diwinyddiaeth yn ei holl ganghennau. Dylid cofio nad athro coleg ydoedd ond pregethwr gwlad, ac er iddo fanteisio i'r eithaf ar yr addysg uwchraddol a gafodd yn athrofa Princeton pan eisteddodd wrth draed dysgawdwyr fel A.A.Hodge, roedd nodau y glöwr hunan-

---

[107] R.Tudur Jones (gol.), *Ffynonellau Hanes yr Eglwys: Y Cyfnod Cynnar*, t.105.

addysgedig arno ar hyd ei oes. Y trueni yw nad oedd ganddo unrhyw ddiddordebau ar wahân i fyfyrio ar ddirgelion y ffydd. Yn wahanol i Llewelyn Ioan Evans nid oedd ynddo owns o'r awen, ac nid pregethwr poblogaidd mohono ychwaith, yn null J.Cynddylan Jones. Dioddefodd ei waith oddi wrth y gor-ganoli deallusol hwn. Ni ddengys ei lyfrau na'i ysgrifau ôl diwylliant fel y cyfryw, ac er gwaethaf ei wybodaeth helaeth ni ellid honni ei fod yn ddyn crwn. Yr oedd, serch hynny, ar un olwg, yn ddyn mawr. Meddai unwaith: 'Dynion wedi ymgodymu ag athrawiaethau mawrion a sylfaenol crefydd, wedi cyrraedd dirnadaeth gref a gafaelgar ohonynt ac argyhoeddiad dwfn am eu pwysigrwydd a'u gwerthfawrogrwydd, sydd yn cyfansoddi cewri crefyddol'.[108] Yn ôl y cyfrif hwnnw, roedd R.S.Thomas yn gryn gawr.

---

[108] R.S.Thomas, ' "Y Duw-Ddyn" gan Dr T.C.Edwards', *Y Traethodydd* 51 (1896), t.278.

Pennod 4
Y Calfinydd anghalfinaidd

Y gyfrol ddiwinyddol gyntaf i R.S.Thomas ei chyhoeddi oedd *Cyfiawnhad trwy Ffydd*, llyfr sylweddol o 300 tudalen a ymddangosodd o wasg Joseph Williams, Merthyr Tudful, yn 1894 er iddi gael ei llunio gan mwyaf yn yr Unol Daleithiau pan oedd Thomas yn gofalu am eglwysi yn Taylorville a Nanticoke, Pennsylvania. Fe'i cyflwynwyd er cof am Thomas Rees (1819-82), brodor o Bontrhydfendigaid, gweinidog y Methodistiaid Calfinaidd yn Ffynnon Taf, Morgannwg, a fu'n fugail ar R.S.Thomas yn Aberaman, Aberdâr, cyn iddo ef a'i wraig ymfudo yn 1869. Yng nghorff y gyfrol ceir y gyfres hirfaith o ysgrifau a welodd olau dydd gyntaf yn *Y Cyfaill o'r Hen Wlad* ar 'berthynas rhesymegol cyfiawnhad ac ailenedigaeth'.[109] Erbyn i'r ailargraffiad ymddangos yn 1904, roedd maintioli'r llyfr wedi chwyddo i 471 tudalen, gyda phedair pennod newydd wedi'u hychwanegu ato. Roedd y cwbl yn fanwl, yn ddysgedig a rhwng popeth, yn gryn gamp. 'Yr oedd gennym o'r blaen rai traethodau gwerthfawr ar y mater', meddai golygydd *Y Dysgedydd*, 'ond y gyfrol hon yn ddiamheuol sydd yn cynnwys yr ymdriniaeth gyflawnaf a rhagoraf a feddwn yn ein hiaith â'r athrawiaeth fawr o gyfiawnhad pechadur ger bron Duw'.[110]

Flwyddyn yn gynharach dygodd Thomas gyfrol arall, yr un mor swmpus, o'r wasg ar Athrawiaeth yr Iawn, *Yr Iawn: yn ysgrythurol, athrawiaethol a hanesyddol* (1903). Roedd ynddi chwe phennod o oddeutu can tudalen yr un. Felly rhwng y ddwy cafwyd tua mil o dudalennau yn trafod pob agwedd bosibl ar yr ddwy athrawiaeth. 'I have already published more quantity of theology, in the Welsh language, than by any living Welshman before me', meddai wrth awdurdodau Athrofa Princeton yn 1912. 'So it is time for me to rest a little, although I feel, mentally and bodily, as good as ever'.[111] Ond, fel sydd wedi'i

---

[109] R.S.Thomas, 'Perthynas rhesymegol cyfiawnhad ac ailenedigaeth', *Y Cyfaill o'r Hen Wlad* 53 (1890), tt.262-5, 297-300, 338-41, 380-2, 416-9, 460-6, *Y Cyfaill o'r Hen Wlad* 54 (1891), tt.16-19; R.S.Thomas, *Cyfiawnhad trwy Ffydd* (Merthyr Tudful, 1894), pennod 7, tt.148-84; gw. uchod, pennod 2, tt.19-20.

[110] *Y Dysgedydd* 83 (1904), t. 416.

[111] Ffeil R.S.Thomas, Llyfrgell Speer, Athrofa Ddiwinyddol Princeton, gohebiaeth 19 Ionawr 1912.

grybwyll eisoes, nid swmp yn unig oedd ganddo ond ansawdd yn ogystal. Roedd Thomas, a oedd yn 60 oed erbyn 1904, yn prysur ennill ei le fel diwinydd Cymraeg mwyaf diwyd, cynhyrchiol a gwybodus ei genhedlaeth.

O ran *Cyfiawnhad trwy Ffydd* (1904), ymdrin a wneir â'r athrawiaeth honno yn feiblaidd, yn ddiwinyddol ac yn hanesyddol. Nid yn unig trafod ffydd a wna yn ei holl amrywiaeth, a'i pherthynas â'r ailenedigaeth, mabwysiad a gwahanol weddau'r profiad Cristionogol – y wedd oddrychol – ond hefyd ffydd yn ei pherthynas â gwaith gwrthrychol Crist ar y groes, y cyfiawnder nefol ac fel y cyfrifwyd i'r unigolyn ffrwyth yr iawn. Fel y gweithiau ar Gristoleg a'r gyfrol *Yr Iawn* (1903), mae'n ymdriniaeth ddihysbydd; prin y bu dim tebyg o ran eu manylder yn Gymraeg o'r blaen.

Y ddeddf

Y categori a fynn Thomas ei ddefnyddio i ddehongli cyfiawnhad yw deddf. 'Os dysgir unrhyw beth yn eglur yng ngair y gwirionedd', meddai, 'dysgir fod perthynas gyfreithiol rhwng dyn â Duw'.[112] Troseddu yn erbyn deddf a wna'r pechadur, a beth bynnag a ddaw ohono, mae'n rhaid i'r ddeddf honno gael ei hanrhydeddu. Iaith y llys barn yw iaith y Testament Newydd o ran disgrifio perthynas dyn â Duw, ac mae'r cysyniad o gyfiawnhad yn deillio o'r

CYFIAWNHAD TRWY FFYDD.

GAN Y

PARCH. R. S. THOMAS,

ABERCYNON, GLAM.

Awdwr "Undod Personol y Duw-Ddyn" (4/6);
".Yr Iawn" (6/-); "Adolygiad ar Paul
yn Ngoleuni'r Iesu" (1/6).

AIL-ARGRAFFIAD.

PRIS PUMP SWLLT (Nett).

MERTHYR TYDFIL:
JOSEPH WILLIAMS A'I FEIBION, SWYDDFA'R "TYST."

1904.

---

[112] R.S.Thomas, *Cyfiawnhad trwy Ffydd*, ail arg. (Merthyr Tudful, 1904), t.101.

byd hwnnw. 'O fewn tiriogaeth deddf y crewyd [dyn], ac, i fesur, yn ôl gofynion deddf yr ymddygodd Duw tuag ato' (t.26). I Thomas, mae hyd yn oed termau fel maddeuant â sawr cyfraith arnynt: 'Nis gall dim fod yn eglurach i feddwl diragfarn na bod y gair maddeuant ... yn golygu ymatal rhag gweinyddu cosb, fel y cyfiawn haeddai y troseddau a gyflawnwyd' (t.20). Er canol y ganrif roedd rhai diwinyddion Protestannaidd uniongred ac efengylaidd wedi mynd yn fwyfwy anesmwyth gyda'r ieithwedd hon ar gyfrif ei natur amhersonol. Efallai bod dyn wedi troseddu yn erbyn y ddeddf wrth bechu, ond hanfod ei bechod oedd iddo andwyo'i berthynas â'r Tad sanctaidd. Os felly, roedd gofyn dehongli cyfiawnhad nid mewn termau cyfreithiol yn bennaf ond yn nhermau ymgymodi drachefn â'r Duw personol. Byddai'n golygu chwyldro yn y ffordd roedd pobl yn ystyried Duw a threfn yr efengyl, ond erbyn Oes Victoria roedd y chwyldro hwnnw eisoes ar waith.[113] Ond roedd Thomas yn amheus o'r symudiad hwn:

> Y mae o bwys deall a chadw mewn cof yn wastadol, yn yr oes bresennol yn arbennig, mai gweithred hollol gyfreithiol yw cyfiawnhad ynddi ei hun – gweithred yn dal cysylltiad uniongyrchol â deddf, ac yn seiliedig ar fodlonrwydd i ddeddf a chyfiawnder – oherwydd y duedd gref a'r ymdrech gyson ddangosir gan luaws o ddiwinyddion ein hoes, i'w gwacáu o'i nodwedd gyfreithiol, ac i'w gosod allan fel gweithred neu weithrediad hollol foesegol (tt.29-30).

Yr hyn a gafwyd yn y Beibl, yn ôl Thomas, oedd dealltwriaeth gynyddol fwy eglur o'r gwirionedd hwn, gyda Duw yn datgelu,

[113] Yr enw a gysylltir fwyaf â'r newid oedd yr Albanwr John McLeod Campbell (1800-72), gw. B.A.Gerrish, *Tradition and the Modern World: Reformed Theology in the Nineteenth Century* (Chicago, 1978), tt. 71-98; James C.Goodloe, *John McLeod Campbell: the Extent and Nature of the Atonement* (Princeton, 1997); Michael Jinkins, *Love is of the Essence: An Introduction to the Theology of John McLeod Campbell* (Edinburgh, 1993); T.F.Torrance, *Scottish Theology from John Knox to John McLeod Campbell* (Edinburgh, 1996), tt.287-317; George M.Tuttle, *So Rich a Soil: John McLeod Campbell on Christian Atonement* (Edinburgh, 1986).

o gam i gam, natur y dehongliad cyfreithiol o'i berthynas â'i bobl. Os aneglur oedd y peth yn nyddiau patriarchaidd yr Hen Destament, a mymryn yn amlycach yn y cyfnod o Foses ymlaen, erbyn y Testament Newydd daeth hi'n gwbl eglur mai'r unig ffordd i ddyn gael ei gymodi â'r Duw sanctaidd oedd trwy i Dduw ei hun, ym mherson Iesu Grist ei Fab, gyflawni holl ofynion y gyfraith a marw yn ei le. Datguddiad cynyddol oedd y datguddiad beiblaidd, a fesul tipyn y gwawriodd y gwirionedd mai trwy gyfiawnder dirprwyol y byddai iachawdwriaeth ar gael. 'Y mae yn fwy na thebyg fod mwyafrif y cadwedigion dan yr oruchwyliaeth batriarchaidd yn tybied eu bod yn cael eu cadw ar sail haeddiannol eu cyflawniadau crefyddol eu hunain, mewn undeb â daioni neu ras Duw' (t.30). Gan godi ei het i Charles Darwin, gwna Thomas ddefnydd helaeth o'r cysyniad Victoraidd o gynnydd ac esblygiad. Ni raid i'r credadun mwyaf uniongred ofni'r syniad o ddatblygiad:

> Y mae cymryd yn ganiataol ... fod deiliaid yr Hen Destament yn mwynhau cymaint o oleuni ynghylch cyfiawnhad ac a fwynheir gan ddeiliaid y Testament Newydd yn anwybyddiad anesgusodol yn yr oes hon o ddeddf fawr datblygiad, yr hon y mae gwyddonwyr anianyddol wedi gwneud cymaint i'w dadlennu ... Y mae deddf datblygiad yn nodweddu y datguddiad dwyfol yn llawn mor gyflawn ac amlwg â rhannau eraill o weithredoedd yr Anfeidrol (tt.45-6).

Er mai diwinydd ceidwadol oedd Thomas, yn mawr brisio etifeddiaeth yr oesau, nid oedd ofn ganddo ymateb i ofynion neilltuol ei oes ei hun. Fodd bynnag, bob yn dipyn y daeth yr eglwys i sylweddoli 'fod sylfaen neu ddefnydd cymeradwyaeth pechadur yn dibynnu ar aberth y tu allan iddo ef ei hun' (t.48).

Oherwydd hyn nid oedd hi'n ddigon i ganoli crefydd ar yr ymgnawdoliad yn unig. Nid bywyd Crist a natur ddilychwyn ei berson oedd wrth hanfod yr efengyl, ond y 'bodlonrwydd anfesurol a roddodd i gyfiawnder ad-daledigol [Duw]' (t.52). 'Nid mater o gyfleustra', meddai ymhellach, '... oedd marwolaeth y Gwaredwr ond mater o reidrwydd yn gwreiddio yng nghyfiawnder ad-daledigol yr hanfod dwyfol' (t.57). 'Y mae y Beibl yn ein dysgu', meddai wedyn, 'fod prif eisteddle yr angenrheidrwydd am yr iawn yn natur Duw ei hun' (t.403). Roedd Duw, felly, yn ddarostyngedig i'w ddeddfau ei hun ac yn gorfod ymateb i angen dyn yn nhermau gofynion manwl y gyfraith. Gan ddilyn Anselm, archesgob Caer-gaint yn yr Oesoedd Canol, mynn Thomas mai

> Ei farwolaeth iawnol a dirprwyol Ef yw yr un sylfaen ar yr hon y gall Duw, yn unol â sancteiddrwydd a chyfiawnder dihalog ei natur, gyfiawnhau yr annuwiol; nid oes un sail lai a wna y tro i fodloni Duw (t.58).

Ymadrodd a berthynai i fyd y ddeddf, felly, oedd cyfiawnhad, gyda Duw yn dyfarnu'r pechadur yn ddieuog ar sail y ffaith fod Crist, trwy ei aberth, wedi bodloni gofynion y gyfraith. 'Gweithred gyfreithiol yw cyfiawnhad, yr hon sydd yn cymryd lle yn y llys dwyfol' (t.97). Mewn geiriau eraill, roedd Crist wedi dioddef y gosb roedd pechod yn ei haeddu, a hynny oedd sail cyfiawnhad. Beth bynnag am oblygiadau hynny o ran aileni'r pechadur ac ymdrech y Cristion i ymagweddu'n sanctaidd, roedd y weithred ei hun yn gwbl fforensig ei naws, Duw yn dyfarnu dyn yn ddieuog ger ei fron: 'Mae o bwys i gadw mewn cof mai gwneud dyn yn gyfreithiol, ac nad yn foesol gyfiawn, y mae cyfiawnhad' (t.184). Er gwaethaf ei barodrwydd aml i dorri ei gwys diwinyddol ei hun, ni fynnai Thomas wyro dim oddi wrth yr etifeddiaeth Galfinaidd hon. Iddo ef, mater o gosb ddirprwyol oedd gwaith Crist ar y groes, a hynny yn sail cyfiawnhad dyn gerbron Duw.

Yr hyn oedd yn oblygedig ym marn Thomas, a'r hyn a gafodd ei dderbyn gan Brotestaniaid Cymru er y cyfnod Piwritanaidd os nad ynghynt, oedd bod Crist wedi sefyll yn lle pechaduriaid ac wedi dwyn y gosb roeddent hwy yn ei haeddu.

Amcan yr ymgnawdoliad oedd cyflawni'r dasg hon. Nid oedd i fywyd Crist unrhyw arwyddocâd amgenach na hyn. Roedd y cwbl yn canoli ar y groes. Ar ben hynny, roedd y groes i'w deall yn nhermau bodloni deddf. 'Gweithred o eiddo Person Cyntaf y Drindod Sanctaidd ydyw [cyfiawnhad], yn y cymeriad o Farnwr, ac nid yn y cymeriad o Dad' (t.121). Roedd y Tad yn hawlio'r gosb yn ôl gofynion sanctaidd y gyfraith. Hawdd iawn, felly, fyddai mynnu fod y Tad wedi cosbi'r Mab fel amod cyfiawnhad y pechadur. Mae Thomas yn ddiwinydd rhy graff ac yn ysgrythurwr rhy wybodus i ddweud hyn ar ei ben, ond dyna sy'n oblygedig yn ei gyfundrefn, a daw o fewn trwch y blewyn at haeru hyn mewn gwirionedd. '[Roedd] y Tad', meddai, 'wedi ei draddodi [sef Crist] i ddeddfle y troseddwr i ddioddef yn ei le' (t.370).

Trwy roi i'r ddeddf le mor ganolog yn ei schema, a thrwy ddehongli'r gyfraith mewn termau mor gosbol a chaeth, nid oes ganddo ddewis ond creu hollt a gelyniaeth rhwng y Tad a'r Mab. 'Yr oedd pechod dynoliaeth yn gofyn am i'r dyrnod ddwyfol ddisgyn arni, ond gwirfoddolodd y Mab i fyned odditani yn ei lle' (t.377). Y rhagdybiaeth yma yw bod deuoliaeth yn Nuw rhwng ei gyfiawnder a'i drugaredd, ac nid oes modd iddo weithredu ei drugaredd heb i gyfiawnder gael ei fodloni. Yr unig ffordd i hyn ddigwydd yw i Fab Duw dderbyn y gosb oherwydd amodau diwrthdro deddf sy'n tarddu yn hanfod Duw'r Tad. 'Ni ddarfu [i'r Tad] arbed dim yn y gradd lleiaf ar y Duw-ddyn. Yn Gethsemani ac ar Galfaria, dacw Dduw, fel barnwr cyfiawn, yn gorchymyn i gleddyf ei gyfiawnder daro, ac i daro a'i holl nerth' (t.402). Er i Thomas wadu fod unrhyw hollt rhwng y Tad a'r Mab, na bod dim anghydnaws yn y weithred ei hun, doedd dim rhyfedd fod ei gyfoeswyr, hyd yn oed o blith y diwinyddion uniongred, yn anesmwyth gyda'r syniadaeth hyn. Mae rhywbeth *desperate*, braidd, yn yr honiad: 'Yr hyn y mae Duw yn ei wneuthur fel maddeuwr yw nid maddau pechod ond rhoddi maddeuant i'r pechadur ar sail cosbedigaeth ei bechod yn y Mechnïydd' (t.404). Yr hyn sydd wrth wraidd y soffistri hwn yw awydd Thomas, oherwydd gofynion ei gyfundrefn ddeddf-ganolog ei hun, i ddiystyru rhediad amlwg yr Ysgrythur ynghylch hanfod cariadlawn Duw a'i raslonrwydd diamod yng Nghrist.

John McLeod Campbell

Rhyw fath o ddeialog estynedig yw'r ddwy gyfrol *Cyfiawnhad trwy Ffydd* ac *Yr Iawn* rhwng R.S.Thomas a'r damcaniaethau newydd ynghylch yr iawn, yn neilltol eiddo'r diwinydd Albanaidd John McLeod Campbell (1800-72):

> O'r amser y cyhoeddodd Dr J.McLeod Campbell ei lyfr ar *Yr Iawn* yn 1856, y mae gogwydd cynyddol mewn un dosbarth o ddiwinyddion, yn arbennig ei ganlynwyr ef, i wneud i ffwrdd yn llwyr â nodwedd gyfreithiol cyfiawnhad neu faddeuant beiblaidd, oherwydd eu bod yn yn ymwrthod â nodwedd gyfreithiol yr iawn (t.15).[114]

Ymhen blwyddyn i gyhoeddi *Cyfiawnhad trwy Ffydd* y byddai'r diwinydd o Annibynnwr James Charles, Dinbych, yn rhoi gwedd Gymraeg ar syniadau McLeod Campbell yn ei draethiad galluog *Iawn a Thadolaeth Duw* (1905). Erbyn hynny roedd yr hen gonsensws Calfinaidd dan straen dychrynllyd, a chonsensws newydd, llai eglur a llai unol, yn ymffurfio yn ei le. Dyma, yn ôl R.Tudur Jones, 'ddatblygiad gyda'r mwyaf trawiadol yn y meddwl Cristionogol Cymraeg ar ddechrau'r ugeinfed ganrif. Yr oedd yr argyhoeddiad fod a wnelo cyfiawnder a chyfraith â hanfodion Cristionogaeth yn darfod o'r tir gyda chyflymder rhyfeddol'.[115] Roedd yr argyhoeddiad yn pallu nid am fod y rhyddfrydwyr diwinyddol fel David Adams – a oedd yn ymwrthod â'r syniad o iawn gwrthrychol dros bechod yn gyfan

---

[114] 'Er amser Dr J.M.Campbell, y mae gogwydd cryf i ymwrthod â dysgeidiaeth ddofn ac eglur y Beibl am natur yr Iawn, yr hon sydd wedi cael ei chorffori, o ran ei hanfod, yn namcaniaeth wrthrychol y brif eglwys', R.S.Thomas, *Yr Iawn, yn ysgrythurol, athrawiaethol a hanesyddol* (Merthyr Tudful, 1903), rhagymadrodd; mae Thomas yn dadansoddi gwaith Campbell, *The Nature of the Atonement* (London, 1856), ar tt.285-94.

[115] R.Tudur Jones, *Ffydd ac Argyfwng Cymru: hanes crefydd yng Nghymru 1890-1914*, cyf.2 (Abertawe, 1982), t.74.

gwbl, fel y gwelir isod – yn dechrau ennill clust y diwinyddion iau, ond am fod meddylwyr mwy uniongred, fel James Charles, yn ymwybodol o'r tensiynau cynhenid yn y dehongliad traddodiadol o ran ei bortread o natur Duw. Yr awgrym oedd bod deuoliaeth yn natur Duw, bod hollt rhwng cyfiawnder a thrugaredd, bod cariad yn cael ei amodi gan gyfundrefn ddeddfwriaethol, nad oedd i'r ymgnawdoliad unrhyw bwrpas amgenach na chynhyrchu aberth dilychwyn i ofynion caethaf y ddeddf, a bod y Tad yn hawlio marwolaeth y Mab cyn y gallai ymagweddu'n rasol tuag at ei blant. I ddilynwyr Campbell, roedd y syniadaeth hyn yn amhosibl eu cysoni â'r argyhoeddiad beiblaidd fod Duw yn Dad cyn bod yn farnwr, bod ei gariad maddeuol yn tarddu o'r hyn ydoedd yn ei hanfod, fod yr iawn yn mynegi maddeuant yn hytrach nag achosi maddeuant, a bod y Tad a'r Mab mewn perffaith gytgord â'i gilydd o ran amcan wrth sicrhau iachawdwriaeth dyn. Roedd Duw *yng Nghrist* yn cymodi'r byd ag ef ei hun, heb gyfrif ei bechod yn ei erbyn. Yr hyn sydd flaenaf yw nid y ddeddf, er bod i'r ddeddf ei lle priodol oddi mewn i'r gyfundrefn hon, ond y berthynas fabol, bersonol, rhwng Crist a'i Dad a rhwng y credadun a'i Waredwr.

Ymwrthododd R.S.Thomas â'r rhesymu hwn yn gyfan gwbl. 'Gwelir fod y Beibl', meddai,

> mewn modd helaeth a manwl, yn disgrifio perthynas y Mab â chyfiawnhad fel *yr unig sail* ar ba un y mae y Tad yn cyhoeddi pechadur crediniol yn gyfiawn. Y mae y ddysgeidiaeth feiblaidd hon yn gollfarniad clir ar y dosbarth hwnnw sydd yn gosod tynerwch, graslonrwydd a maddeugarwch y Tad yn sylfaen cyfiawnhad (t.379).[116]

Mewn geiriau eraill, i Thomas eilbeth oedd tynerwch, graslonrwydd a pharodrwydd Duw i faddau; y peth hanfodol yn Nuw oedd amodau'r ddeddf a gofynion ad-daledigol cyfiawnder: 'Ni allasai Duw gael ffordd rydd i oludoedd ei ras

---

[116] Cf. ysgrif ddiweddarach R.S.Thomas, 'Iawn gwrthrychol neu Dduwgyfeiriol', *Y Drysorfa* 79 (1909), tt.55-62.

ddylifo at y pechadur heb fodloni gofynion ei gyfiawnder', meddai. Y cyfiawnder dwyfol a osododd 'angenrheidrwydd ar y Duw-ddyn i ddioddef soraint a llid Duw yn erbyn pechod fel sylfaen cyfiawnhad' (t.416). Er gwaethaf dysg Thomas, ei wybodaeth ysgrythurol a hanesyddol helaeth, a'i sêl eirias o blaid uniongrededd, nodi diwedd cyfnod, hyd yn oed ymhlith diwinyddion uniongred Cymraeg, oedd y ddwy gyfrol ddihysbydd *Cyfiawnhad trwy Ffydd* ac *Yr Iawn*. O hyn allan byddai'r traddodiad diwygiedig yn ymestyn i gynnwys y pwysleisiadau newydd, a'r personol yn hytrach na chategori cyfraith a deddf fyddai'r allwedd i ddehongli gwaith Duw yng Nghrist yn cymodi'r byd ag ef ei hun.[117]

O droi yn fyr at ei gyfrol *Yr Iawn* (1903), yr un, yn y bôn, yw'r safbwynt. Hanfod yr iawn yw 'bodlonrwydd i gyfiawnder ad-daledigol Duw, oherwydd pechod dynoliaeth, trwy ufudd-dod dirprwyol, gweithredol a dioddefol Crist'(t.308). Prif nodwedd y ddamcaniaeth hon 'yw ei bod yn dysgu fod cyfiawnder ad-daledigol natur a llywodraeth Duw yn gofyn iawn am bechod fel amod maddeuant' (t.316), a hebddo 'buasai maddeuant a chadwedigaeth yn amhosibl' (t.325).

> Y mae gelyniaeth anghymodlon sancteiddrwydd a chyfiawnder dwyfol at bechod yn llefain yn uchel am gosbi pob pechadur dynol ... a'r iawn yw'r moddion y mae doethineb dwyfol wedi ei gynllunio ... er dileu y cyfryw wrthdrawiad ... Yn nioddefiadau dirprwyol y Duw-ddyn yn lle pechaduriaid dynol ... fe gafodd gogwydd cyfiawnder am ad-daliad cyflawn am bechod ei lwyr fodloni (t.350).

Er mor gyndyn yw amddiffyniad Thomas o'r ddamcaniaeth hon, mae'n dadlau ei achos yn olau ac yn deg, ac mewn trafodaeth barhaol â rhai o feddylwyr disgleiriaf y bedwaredd ganrif a'r bymtheg. Un o hynodion *Yr Iawn* yw'r disgrifio manwl a geir

---

[117] Cf. J.E.Daniel, *Dysgeidiaeth yr Apostol Paul* (Abertawe, 1933), tt.40-61; W.B.Griffiths, *Yr Epistol at y Rhufeiniaid* (Caernarfon, 1955), *passim.*

ynddi o waith toreth o ddiwinyddion cyfoes. Mae'r rhestr yn faith: Andrew Fairbairn, R.J. Campbell, F. W. Robertson o Brighton, F.D.Maurice, y Deon Alford, Samuel T.Coleridge, y Deon Farrar, Edward Irving, F.W.D. Scheiermacher, Albrecht Ritschl, R.C.Moberley, R.W.Dale ac, wrth gwrs, John McLeod Campell i enwi dim ond rhai. Prin bod neb yng Nghymru mor hyddysg yng ngwaith diwinyddion cyfoes ar y pryd, ac yn medru tafoli, yn gytbwys ac yn deg, syniadau astrus yr oedd ef ei hun yn anghytuno yn sylfaenol â hwy. Yr hyn

YR IAWN:

YN YSGRYTHYROL ATHRAWIAETHOL, A HANESYDDOL.

GAN Y

PARCH. R. S. THOMAS,

ABERCYNON, GLAM.

Awdwr "Cyfiawnhad trwy Ffydd," "Adolygiad ar Paul yn Ngoleuni'r Iesu," ac "Undod Personol y Duw-ddyn."

PRIS CHWE' SWLLT (Nett).

Aberbyr Tydfil:
JOSEPH WILLIAMS, ARGRAFFYDD, SWYDDFA'R "TYST."
—
1903.

sy'n peri syndod yw cyn lleied o drafodaeth a geir yma rhwng Thomas a'i gyd-ddiwinyddion Cymraeg. Mae'n mynd i'r afael â Lewis Edwards, y Bala, a'i gyfrol enwog *Athrawiaeth yr Iawn* (1860) (tt.550-9) ac â David Charles Davies a'i *Iawn ac Eiriolaeth Crist* (1899) (tt.429-500), ond ar wahân i hynny prin yw'r syniad o gynnal deialog â'i gyd-Gymry. Nid yw, ychwaith, yn talu dim sylw i'r dadleuon poethlyd ar yr iawn a oedd yn gymaint nodwedd o hanner cyntaf y ganrif ac sy'n cael eu disgrifio mor feistraidd a chofiadwy gan Owen Thomas yn *Cofiant John Jones, Talsarn* (1874).[118] I un a oedd yn ymhyfrydu gymaint yn ei dras, a chanddo ddiddordeb mor fyw mewn diwinyddiaeth hanesyddol, mae hyn yn annisgwyl hefyd.

---

[118] Cf. rhagymadrodd a nodiadau John Aaron i'r cyfieithiad Saesneg o waith Owen Thomas, *The Atonement Controversy in Welsh Theological Literature and Debate, 1707-1841* (Edinburgh, 2002).

Os oedd yr apologia grymus o blaid yr iawn fel cosb ddirprwyol yn ei osod yng nghanol prif ffrwd y ffydd Galfinaidd, roedd R.S.Thomas yn feddyliwr rhy annibynnol, ac yn ddyn rhy styfnig, i arddel unrhyw syniad nad oedd ef yn argyhoeddedig o'i wirionedd a'i werth. Rhan ganolog o'r gynhysgaeth Galfinaidd oedd y syniad o iawn neilltuol neu gyfyngedig, fod Crist wedi marw nid dros y byd ond dros yr etholedigion, sef nifer neilltuol o bobl a oedd yn wrthrychau'r trugaredd dwyfol. Er nad oedd y syniad hwn yn deillio'n uniongyrchol o waith y diwygiwr Protestannaidd John Calfin ei hun, daeth yn rhan allweddol o'r gyfundrefn y daethpwyd i'w chysylltu â'i enw. Fel ymateb i feirniadaeth y diwinydd o'r Is-Almaen Jacob Arminius (1560-1609), roedd y diwinyddion Diwygiedig yn eu synod yn Dortdrecht (1618-19) wedi cyfundrefnu dysg Calfin i bum pwynt: llwyr lygredigaeth y natur ddynol fel canlyniad i'r cwymp; etholedigaeth ddiamodol; iawn neilltuol, neu bod aberth Crist yn gyfyngedig i'r etholedigion yn unig; bod gras Duw yn anorchfygol; a ni byddai'r sawl a oedd wedi'u hethol i fywyd tragwyddol byth yn syrthio ymaith. Daeth 'y pum pwnc' yn rhan o wead y meddwl Cymreig erbyn y ddeunawfed ganrif ac yn sail diwylliant Cymru Ymneilltuol y bedwaredd ganrif a'r bymtheg.

Roedd y dadleuon ynghylch yr iawn a roes gymaint o egni i fywyd deallusol Ymneilltuaeth rhwng 1800 ac 1840, ac a achoswyd yn bennaf oherwydd y genhadaeth Wesleaidd yng Nghymru, wedi amodi'r Galfiniaeth hon ond heb ei gwyrdroi. Y prif newid oedd y farn fod aberth Crist, am ei fod yn anfeidrol, yn ddigonol ar gyfer pawb. Ond gan mai'r etholedigion yn unig a fyddai'n medru manteisio ar ffrwythau'r aberth, roedd yr elfen neilltuol neu gyfyngedig i'r iawn eto mewn grym. Dyna farn trwch Cristionogion Cymru, yn Ymneilltuwyr ac yn Anglicaniaid ar y pryd; dyna ddysgeidiaeth *Cyffes Ffydd* y Methodistiaid Calfinaidd (1823), dyna a ddysgwyd *de rigeur* yn Athrofa Princeton pan eisteddodd R.S.Thomas wrth draed Charles Hodge ac A.A.Hodge rhwng 1879 ac 1882, a dyna oedd yn cael ei ddysgu yn Princeton o hyd gan olynydd y ddau Hodge, sef yr athro diwinyddiaeth tra dysgedig yno, Benjamin B.Warfield.

Erbyn troad yr ugeinfed ganrif roedd Thomas wedi dod i ymwrthod â'r syniad hwn yn gyfan gwbl. Nid peth hawdd oedd ymysgwyd yn rhydd oddi wrtho, ond 'ar ôl astudiaeth ddwys a diduedd o'r Beibl', daeth i'r casgliad bod rhaid iddo wneud:

> Dyletswydd bennaf pob dyn yw ymdrechu meddu golygiadau cyson â dysgeidiaeth anffaeledig y datguddiad dwyfol, ac nid ag unrhyw gyfundrefn ddynol, pa mor hynafol ac urddasol bynnag y gall fod.[119]

A beth, yn ei dyb, oedd dysg anffaeledig y datguddiad dwyfol? Fod yr iawn wedi ei fwriadu ar gyfer yr holl ddynoliaeth, a bod Duw wedi rhoddi gallu i bawb i orchfygu ei dueddiadau anghrediniol ei hun fel y gallai fanteisio ar aberth Crist. Trwy yr Ysbryd Glân rhoddodd Duw 'bob gras angenrheidiol i bob dyn, digonol i sicrhau ei gadwedigaeth, er gwrthweithio yr anallu moesol greodd pechod ynddo' (t.491). Mewn geiriau eraill, roedd gan bob unigolyn ewyllys rydd a bod disgwyl iddo'i hymarfer er mwyn profi'r iachawdwriaeth drosto'i hun:

> Credir hefyd fod Duw wedi ethol y cyfryw i iachawdwriaeth ag a ragwelodd Efe fuasai yn gweithredu ffydd yn ei Fab ... Yn ôl y syniadau hyn, y dyn ei hun sydd yn penderfynu ei dynged dragwyddol, pa un ai cadwedig neu golledig a fydd, ac nid ewyllys ddiamodol Duw (t.492).

Mewn un paragraff, manwl a hir, ymwrthododd Thomas ag o leiaf dri o'r pum pwynt: etholedigaeth ddiamodol; iawn neilltuol, a gras anorchfygol; yn ôl rhesymeg ei safbwynt, mae'n debyg y byddai'n gorfod ymwrthod â'r ddau bwynt arall yn ogystal. (Rhesymeg neu beidio, ni fynnai ymwrthod â'r olaf o'r

---

[119] Thomas, *Yr Iawn*, t.492.

pum pwynt, sef parhad y saint mewn gras). Mewn adolygiad yn *Y Dehonglwr*, roedd John Morgan Jones, gweinidog capel Pembroke Terrace yng Nghaerdydd ac un o golofnau'r Methodistiaid Calfinaidd ym Morgannwg, eisoes wedi sylwi fod ei gymydog o Abercynon yn gwyro oddi wrth gredo'r tadau. 'Dyma y golygiad Arminaidd, ac y mae yn hollol groes i eiddo y cyfundeb mae Mr Thomas yn aelod ohono', meddai. 'Nid ydym yn deall yn iawn pa fodd y medrodd wrth ei ordeinio arwyddo ei gymeradwyaeth i'r Cyffes Ffydd'.[120] Nid ef oedd yr unig un o weinidogion yr Hen Gorff ym Morgannwg i gael ei anesmwytho gan safbwynt beiddgar R.S.Thomas. Roedd D.G.Jones, Tonna, Castell-nedd, cofiannydd Mathews Ewenni, DD o Brifysgol Oshkosh, Winconsin, ac un a oedd 'yn bur hyddysg yn llenyddiaeth ddiwinyddol yr oes Biwritanaidd',[121] hefyd yn dra gwrthwynebus. 'Cefais i fy magu yn yr un ffydd etholedigaethol â Gilbert, ond yr wyf wedi Armineiddio ar y pwnc hwn', meddai Thomas wrth Daniel Davies, y lleygwr blaenllaw o'r Ton yng Nghwm Rhondda, am eu cyfaill o'r Tonna: 'Credwyf y caiff Gilbert fwy o waith i'm hadferyd nag a gafodd i droi'r South o'r gogledd Calvinaidd'.[122] Roedd R.S.Thomas wedi tynnu ei gasgliadau ei hun ar y mater ac nid oedd neb na dim bellach yn mynd i'w droi.

Calfiniaeth: 'ymhlith y pethau a fu'

Datgan ei annibyniaeth oddi wrth y 'pum pwnc' a wnaeth yn ei gyfrol *Yr Iawn*, ond parodd ei anesmwythyd cynyddol gyda'r safbwynt traddodiadol iddo gamu ymhellach fyth. Roedd 1909 yn bedwar canmlwyddiant geni John Calfin (1509-64) ac yn achlysur dathlu i'r teulu Presbyteraidd trwy'r byd i gyd. Gwahoddwyd Methodistiaid Calfinaidd Cymru i fynychu'r dathliadau yng Ngenefa yng Ngorffennaf y flwyddyn honno, ac fe'u cynrychiolwyd yno gan Francis Jones, Abergele, llywydd y Gymanfa Gyffredinol, Evan Jones, Caernarfon, llywydd Cyngor

[120] *Y Dehonglwr* 1 (1903), tt.292-5 [292].
[121] *Blwyddiadur y Methodistiaid Calfinaidd* (Caernarfon, 1923), t.199
[122] Llyfrgell Genedlaethol Cymru llsg 2868, archif y Methodistiaid Calfinaidd, R.S.Thomas at Daniel Davies, 19 Ebrill 1905.

yr Eglwysi Rhyddion, a'r Prifathro Owen Prys. Nid oedd hi'n syndod i gyfraniad Calfin i grefydd a diwylliant Ewrop gael ei ystyried o'r newydd ac i'w ddiwinyddiaeth gael ei thafoli yng nghyd-destun yr oes er mwyn cael ei gwerthfawrogi drachefn. Ond mewn anerchiad i nodi'r achlysur dan nawdd Henaduriaeth Dwyrain Morgannwg yn Ynys-y-bwl ym mis Hydref 1909, rhoes Thomas athrawiaeth diwygiwr Genefa yn y glorian a'i chael yn brin.

Dehongliad o rai penodau yng ngwaith mawr Calfin yr *Institutio* (1559) sydd gan Thomas, a hynny yng ngoleuni ei safbwynt ei hun. Mae'r ymdriniaeth yn unochrog, yn anghyflawn a, braidd y dywedwn, yn dra rhagfarnllyd. Yn ôl y diwinydd o Abercynon, un athrawiaeth oedd gan ddiwygiwr Genefa, ac un yn unig: rhagarfaeth ddiamod yr etholedigion i fywyd a rhagordeiniad pawb arall i golledigaeth. A bod hynny yn wir, ac mai dyna oedd yr unig ffordd i ddarllen y dystiolaeth, ni fyddai dim rhyfedd iddo honni:

> Y mae ei syniad difrifol fod y Duw cyfiawn a sanctaidd wedi creu rhai dynion ar gyfer eu damnio yn dragywydd, er mwyn amlygu ei gyfiawnder cosbol, yn oeri y gwaed cynhesaf a chreu arswyd yn y galon ddewraf.[123]

Mae Thomas yn dyfynnu'r sylw enwog am y *decretum horribile*, 'y mae yn arfaeth ofnadwy, rwy'n cydnabod' (*Institutio* III:23:7) (t.78), ond heb grybwyll y cyd-destun yn nhrydydd llyfr yr *Institutio*, yn dilyn yr ymdriniaeth efengylaidd â Christ fel Gwaredwr i bawb a fynn ddod ato. Nid oes ganddo air am y ffaith fod Calfin yn sefyll mewn traddodiad a oedd yn cynnwys Awstin, Bernard o Clairvaux, Tomos Acwinas a myrdd o rai eraill, a bod ei syniad ef am etholedigaeth, yn gam neu yn gymwys, yn cael ei arddel, bron, cyn dyddiau Calfin ei hun, gan yr eglwys orllewinol gyfan. Ni ddywed nemor ddim am wedd fugeiliol, gysurlawn yr athrawiaeth, iddi symud baich cyfrifoldeb oddi wrth ysgwyddau gweinion a'i drosglwyddo i

---

[123] R.S.Thomas, 'Diwinyddiaeth John Calfin', *Y Traethodydd* 65 (1910), tt.73-80, 87-98 [98].

raslonrwydd Crist, na chrybwyll y ffaith fod etholedigaeth yn ddirgelwch dwyfol yn hytrach nag yn destun cywreinrwydd gan ddyn (*Institutio* I:2:2; III:21:1-2). Nid oes ganddo air am yr hyn sy'n ganolog i Calfin, sef i Dduw ethol *Crist* i fod yn sylfaen ein hiachawdwriaeth, ac 'Ef yw'r drych trwy yr hwn y medrwn ganfod ein hetholedigaeth ein hunain' (*Institutio* III:24.5), na chyfeiriad at thema sylfaenol diwinyddiaeth Calfin, mai undeb â Christ trwy'r Ysbryd Glân yw hanfod yr iachawdwriaeth. Er i Thomas ddyfynnu'n helaeth o'r *Institutio*, dewis, dethol a darnio a wna yn angyhydestunol ac yn ôl ei ragdybiaethau ei hun:

> Canfyddir fod Calfin yn rhoddi safle eithafol, anfoesegol i'r ewyllys ddwyfol ... nes cymylu gogoniant cyfiawnder y natur ddwyfol, yr hyn, fel y credwn, yw prif elfen gyfeiliornus ei gyfundrefn (t.78).

> Yr ydym yn llwyr argyhoeddedig ei fod wedi cario ei athrawiaeth am benarglwyddiaeth Duw mewn arfaeth, rhagluniaeth a gras ... yn llawer rhy bell, pellach nag y mae natur foesol dyn a'r Ysgrythur yn ei gyfiawnhau (t.98).

Ar ôl tudalennau meithion yn cynnwys rhai pwyntiau dilys, llawer o rai hanner-dilys a lliaws o rai hollol wyrgam ('Dysgir fod y weithred ddwyfol o gadwedigaeth yn cymryd lle yn annibynnol ar ewyllysiad y cadwedig'(t.94)), y mae Thomas yn cyhoeddi ei ddyfarniad terfynol ar ddiwinyddiaeth Calfin ac ar Galfiniaeth fel y cyfryw: 'Y mae ei gyfundrefn yn darostwng dyn i fod yn ddim ond peiriant yn llaw y Goruchaf'. A'i thynged? 'Y mae ei gyfundrefn, fel cyfanwaith, ymhlith y pethau a fu' (t.98).

Roedd sylwadau annisgwyl R.S.Thomas yn dangos pa mor drwchus oedd y cwmwl a orchudduasai Calfiniaeth yng Nghymru ar ddechrau'r ugeinfed ganrif. Nid pawb a fynnai fod mor negyddol, mae'n wir, ac ysbardunodd dathliadau 1909 beth gwerthfawrogiad hefyd. Cafwyd dau gofiant gwirioneddol dda a oedd yn cynnwys ymdriniaeth ysgolheigaidd a theg o athrawiaeth Calfin, y naill gan John Morgan Jones, Merthyr (*nid y John Morgan Jones, Caerdydd, a oedd wedi beirniadau Thomas ar gyfrif ei Arminiaeth yn Y Dehonglwr chwe blynedd ynghynt*)[124] a'r llall gan D.E.Jenkins, Dinbych,[125] tra aeth John Evans, Llannerch, Llanelli, ati i drosi rhannau o'r *Institutio* i'r Gymraeg a chynnig cyflwyniad deallus iddynt ar yr un achlysur.[126] Rhoes darlith nodweddiadol fywiog J.Cynddylan Jones, 'Calfiniaeth yng Nghymru' (1909), wedd boblogaidd ar y dathlu.[127] Ond glastwr o Galfin oedd ganddynt, gyda phob un o'r edmygwyr yn fud ar y nodweddion 'caled' yn nysgeidiaeth gwron Genefa. Os gwnaeth Thomas gam â chyd-destun Calfin, a'r berthynas glós a gafwyd yn ei waith rhwng etholedigaeth gras â chynnig cyffredinol yr efengyl a'r gwirionedd diymwad mai dros *bawb* y bu farw Crist, mynnai'r lleill ddiystyru'r ffaith fod cymhwysiad yr efengyl at leiafrif yn unig, a bod Duw (yn ôl un dehongliad o'i waith) wedi ymdynghedu'r lleill i ddamnedigaeth. Meddai Benjamin B.Warfield, o ddoldiroedd eang Princeton yn 1908: 'It must be confessed that the fortunes of Calvinism in general are not at present at their flood'.[128] Roedd yr un peth yn wir yng Nghymru, nid lleiaf ymhlith disgynyddion ysbrydol Charles o'r Bala, Thomas Jones o Ddinbych a Lewis Edwards.

Yr ewyllys rydd

Y dasg yr ymgymerodd Thomas â hi oedd gweithio allan oblygiadau ei farn ei hun yn wyneb hyn i gyd. Mewn llythyr at awdurdodau Princeton yn 1907 dywedodd fod ei waith nesaf eisoes ar y gweill: 'I have nearly completed my sixth book, Predestination, Election and Free Will'.[129] Bu rhaid aros tan 1911 cyn gweld cyhoeddi pum can tudalen *Arfaeth,*

[124] John Morgan Jones (Merthyr), *John Calvin: ei Fywyd a'i Waith* (Dolgellau, 1909).

[125] D.E.Jenkins, *Bywyd John Calvin* (Dinbych, 1909).

[126] John Evans, *Bywyd ac Athrawiaeth John Calfin* (Caernarfon, 1909).

[127] Fe'i ceir yn J.Cynddylan Jones, *Athrylith a Gras* (Caernarfon, 1925), tt.182-96.

[128] Benjamin B.Warfield, 'Calvinism', yn S.M.Jackson (gol.), *The New Schaff-Herzog Encyclopedia of Religious Knowledge* (New York, 1908), tt.359-64 [364].

[129] Ffeil R.S.Thomas, Llyfrgell Speer, Athrofa Ddiwinyddol Princeton, gohebiaeth 1907.

Etholedigaeth a Rhyddid Ewyllys, eto o wasg Joseph Williams ym Merthyr Tudful. 'It is more than possible that I have published my last book', meddai flwyddyn yn ddiweddarach, 'although that is not certain'.[130] Erbyn hynny roedd y diwinydd o Gwm Cynon yn 68 oed.

I R.S.Thomas yr hyn oedd yn annerbyniol yn y Galfiniaeth draddodiadol oedd y syniad am etholedigaeth ddiamodol. Nid oedd ganddo broblem gyda'r cysyniad o etholedigaeth fel y cyfryw. Roedd Duw, wedi'r cwbl, wedi ethol Israel i fod yn oleuni i'r cenhedloedd yn yr Hen Destament ac yn y Testament Newydd dewisodd yr eglwys i fod yn bobl o'i eiddo ei hun (1 Pedr 2:9). Yn y ddau achos Duw ei hun oedd yn ethol, felly roedd i'r athrawiaeth sail feiblaidd ddiymwad. Roedd holl resymeg yr Epistol at y Rhufeiniaid yn ategu'r gred hon. Yr hyn na allai Thomas dderbyn bellach oedd y ffaith fod yr ethol hwn wedi digwydd yn groes i ewyllys, dymuniad a bwriad y sawl a gafodd eu heffeithio gan arfaeth Duw. 'Y mae gan Dduw ragwybodaeth berffaith o holl weithredoedd rhydd dynion', meddai, 'eithr nid oes dim ynddi yn ymyrryd â rhyddweithrediad dynol' (t.33). Synthesis oedd yr ethol rhwng Duw a'r sawl a fyddai'n cael ei dynnu mewn i broses yr arfaeth, a hynny nid yn groes i fwriad ond yn unol â bwriad y person hwnnw:

> Y mae yn canlyn yn anocheladwy, os mai y dyn ei hun yw gwir achos ei holl ryddweithredoedd, da a drwg, ac os yw pob rhyddweithrediad wedi cael ei arfaethu gan Dduw, mai ar sail rhagwelediad o'r cyfryw weithredoedd y mae eu harfaethiad yn dibynnu (t.53).

Roedd Duw, yn nhyb Thomas, yn parchu i'r eithaf ryddid ewyllys dyn. Er bod dyn yn bechadur, ac er i bechod effeithio er drwg ar ei holl gynheddfau gan gynnwys ei ewyllys, roedd yr Ysgrythur yn dysgu yn ddifloesgni y gallai dyn ymateb i alwad

---

[130] Ffeil R.S.Thomas, Llyfrgell Speer, Athrofa Ddiwinyddol Princeton, gohebiaeth 19 Ionawr 1912.

gras a bod disgwyl iddo wneud hynny er mwyn profi'r iachawdwriaeth drosto'i hun: 'Y dyn ei hun, mewn gwirionedd, sydd yn penderfynu ei dynged dragwyddol, yn ôl natur ei ymddygiad tuag at ras Duw' (t.75). Roedd cadwedigaeth pawb, felly, yn ôl Thomas, yn amodol ar ei ymateb i ras; roedd y gras hwnnw wedi'i gynnig i bawb, ac roedd dyn yn rhydd i dderbyn neu wrthod y cynnig yn ôl ei ddymuniad ei hun: '[Roedd] cadwedigaeth yn dechrau gyda gras rhagflaenol yn gweithredu yn foesol, *nid* yn anorchfygol ar ddyn' (t.81). Os oedd Calfiniaeth yn haeru fod ewyllys dyn yn gaeth, fod yr ethol yn ddiamod a bod gras yn anorchfygol, nid felly yr oedd pethau yn ôl diwinydd Cwm Cynon. Roedd gan ddyn, yn hytrach, ewyllys rydd ac roedd yr ethol yn dibynnu ar ei iawn ddefnydd o'r rhyddid hwnnw; wedi rhagweld y cyfryw ymateb a wnaeth Duw, a gweithredu yn ei sgil:

> Y rhai a roddodd y Tad i'r Gwaredwr i'w cadw oedd y rhai a ragwelai fuasai yn ei dderbyn, ac y mae yn rhoddi bywyd tragwyddol i bawb a dderbyniant ei Fab (t.125).

'Hollol wir', meddai eto,

> nas gall neb ddyfod at Grist 'oni bydd wedi ei roddi iddo oddi wrth fy Nhad', hynny yw, oni dderbynia ras oddi wrth y Tad trwy yr Ysbryd Glân. Eithr yn ôl dysgeidiaeth gyffredinol y Beibl, y mae pawb yng ngwlad efengyl yn cael gras digonol i fod yn gadwedig, ond gwneud y defnydd dyladwy ohono. A'r dyn ei hun, nid Duw, sydd yn penderfynu ei dynged dragwyddol yn ôl y defnydd a wna o'r gras cyffredinol a dderbynia (t.126).

Trwy gydol rhesymu troellog a pharagraffu hirfaith *Arfaeth, Etholedigaeth a Rhyddid Ewyllys*, mynn Thomas ddatgan y pellter a dyfasai rhwng y Galfiniaeth draddodiadol a'i ddehongliadau yntau o sylwedd y ffydd. Cafodd bellach oleuni newydd ar y mater, ac nid oedd dewis ganddo ond dilyn ei drywydd ei hun: 'Os arweinia y goleuni hwn ni i syniadaeth wahanol i'r hon a ddysgwyd ym more ein hoes, ein dyletswydd a'n braint yw ufuddhau' (t.9), meddai. Roedd rhai elfennau yn yr hen uniongrededd bellach yn codi arswyd arno, a John Calfin wedi troi, braidd, yn *bête noir*:

> Y mae y syniad fod Duw wedi creu rhai dynion i'r amcan i'w damnio, er mwyn amlygu gogoniant ei gyfiawnder, mor wrthun a chamliwiol o gymeriad Duw fel ag i fod yn hollol anamddiffynadwy (t.88).

Er bod trwch y Calfiniaid cyfoes wedi ymwrthod â'r syniad o ragarfaeth ddwbl, sef bod Duw wedi ethol rhai i gadwedigaeth ac eraill i ddamnedigaeth, ac arddel y farn fwy cymedrol a briodolai'r ddamnedigaeth nid i Dduw ond yn gyfan gwbl i ddyn, nid oedd hyn ond ymgais i osgoi goblygiadau anorfod eu cyfundrefn eu hunain. Roedd *rhesymeg* Calfiniaeth yn hawlio mesur o gymesuredd rhwng y cadw a'r colli. Os Duw oedd yn gyfrifol am y naill, rhaid mae Ef hefyd, yn ôl synnwyr, oedd yn gyfrifol am y llall. 'Deil rhai, sef y Calfiniaid mwyaf eithafol', meddai, 'fod holl arfaethau Duw ynglŷn â gweithredoedd dynion ... yn rhai hollol *ddiamodol*. Hyn oedd barn Calvin, yr hwn a wadai fod gan ddyn fel pechadur ewyllys rydd' (t.21). Er bod y farn hon yn eithafol mwyach, o ran deddfau rhesymeg roedd hi'n anodd iawn osgoi ei grym. (Ni fu Thomas erioed yn gysurus gyda'r cysyniad o baradocs, ac fel deiliad ufudd i resymoliaeth 'synnwyr cyffredin' athronwyr Princeton, nid oedd y syniad o ddal dau wirionedd beiblaidd gwrthgyberbyniol mewn tensiwn creadigol, yn ddim namyn ffiloreg yn ei dyb).

Fodd bynnag, un o'r rhai a oedd yn dal i arddel yr hen Galfiniaeth yn ddigymrodedd oedd Benjamin B.Warfield. Yn ei ymdriniaeth glasurol â rhagarfaeth yng ngeiriadur Hastings, ni fynnai'r Americanwr gymedroli dim ar uniongrededd Tadau

Calfinaidd yr ail garif ar bymtheg.[131] 'Fel Calfiniad tra eithafol', meddai Thomas, 'cymer Warfield yn ganiataol fod holl arfaethau Duw yn hollol ddiamodol' (t.104). Os oedd rhesymu Warfield yn gryf, roedd ei afael ar egwyddor rhyddid ewyllys a'i ddealltwriaeth o raslonrwydd Duw yn narpariaeth yr efengyl yn wallus o wan. 'Y mae yn hawdd canfod', meddai'r Cymro, mewn haeriad digri

Benjamin B. Warfield

o ysgubol, 'nad ydyw wedi astudio yn drwyadl y pwnc o etholedigaeth yn ysgrythurol na diwinyddol' (t.111.). Nid mater o ddyfnder dysg na thrylwyredd ysgolheictod oedd y gwahaniaeth barn rhwng y ddau ddiwinydd ond anghytundeb sylfaenol bellach mewn rhagdybiaethau. Gan fod cynseiliau eu rhesymu mor groes i'w gilydd nid oedd dichon iddynt dynnu'r un casgliadau na chyrraedd i'r un farn.

Yr hyn sy'n drawiadol yn ymdriniaeth R.S.Thomas â'r syniad o etholedigaeth a rhyddid ewyllys yw'r ffaith iddo'i weld ei hun nid fel un sy'n mynnu dileu yr hen derfynau ond yn hytrach fel un sy'n awyddus i ymestyn y traddodiad ac ychwanegu ato. Bai mawr y Calfiniaid Cymraeg fel Lewis Edwards o'r Bala a chyfoeswr Thomas, J.Cynddylan Jones, oedd iddynt beidio â mynd yn ddigon pell wrth estyn ffiniau traddodiad y tadau. Os oedd Warfield wedi pallu cyfaddawdu dim ynghylch seiliau'r hen Galfiniaeth, roedd cymedrolder y Cymry yn beth hanner pôb. O fynnu fod iawn Crist yn gyffredinol a bod yr aberth ar Galfaria gyfled â'r ddynoliaeth gyfan, roeddent ar fai o beidio â mynd yr holl ffordd ac ymwrthod ag etholedigaeth ddiamod yn llwyr. 'Daliant hwy',

---

[131] Benjamin B.Warfield, 'Predestination', yn James Hastings (gol.), *Dictionary of the Bible* (New York, 1909), tt.345-53.

meddai, 'mai ewyllys benarglwyddiaethol Duw yw sail amodol, tra y daliwn ninnau mai natur ymddygiad dynion tuag at yr efengyl yw sail amodol cadwedigaeth a cholledigaeth' (t.127). A dyna, yn nhyb Thomas, oedd yr unig farn gytbwys ar y pwnc.

Roedd y Methodistiaid Calfinaidd yn eu Cymanfa Gyffredinol ym Mhorthmadog yn 1875 wedi amodi'r Gyffes Ffydd i gynnwys y gwirionedd beiblaidd fod Crist wedi marw dros bawb. 'Fe wêl pawb', meddai, 'fod y syniad fod Duw wedi darparu ei Fab i fod yn iawn ar gyfer achub pawb yn hollol anghyson â Chalfiniaeth' (t.361). Os oedd yr iawn, felly, yn gyffredinol, oni ddylai'r ethol fod yn gyffredinol hefyd? Yr unig ffordd i ledu'r arfaeth a pheidio â phriodoli i Dduw golledigaeth yr annuwiol, oedd trwy ganiatáu i ddyn gyfrifoldeb am ei dynged ei hun. Roedd hi'n llawn bryd i Galfiniaid Cymry dynnu'r casgliadau priodol ac ymddihatru oddi wrth hen gredoau anfoddhaol:

> Y mae credoau enwadol yn ddiamheuol dda yn eu lle ... eithr ni ddylai neb o feddwl a barn oddef cael ei lesteirio ganddynt yn yr ymchwil cydwybodol a llafurus am wybodaeth a gwirionedd eithr y Beibl yn unig sydd i fod yn safon ein diwinyddiaeth (t.65).

Nid oedd amheuaeth nad oedd Thomas wedi dilyn ei gydwybod yn y peth hwn ac ymchwilio yn fanwl yn yr Ysgrythur cyn tynnu ei gasgliadau ei hun. Roedd yr amser yn aeddfed, fe ymddengys, ymhlith y Methodistiaid Calfinaidd, i gydsynio â'i farn. 'Nid carreg ateb i Doctor Edwards, nac i unrhyw ddoctor arall, ydyw', meddai John Owen, gweinidog Engedi, Caernarfon (Morfa Nefyn yn ddiweddarach), ac un o ffigyrau mwyaf pwysfawr y Cyfundeb yn chwarter cyntaf yr ugeinfed ganrif, 'ond meddyliwr gwreiddiol, dewr, difrifol a gonest'.[132] Er bod casgliadau'r gyfrol yn groes i fanylion y Gyffes Ffydd, roedd hi'n amlwg eu bod yn nes at syniadau'r rhelyw na'r hen ddehongliadau o sylwedd y ffydd: 'Ni wna diwinyddiaeth y

---

[132] John Owen, adolygiad ar *Arfaeth, Etholedigaeth a Rhyddid Ewyllys*, *Y Traethodydd*, 1 (cyfres newydd) (1913), tt.94-6 [95].

gyfrol hon niwed i ben na chalon neb'.[133] Diau bod hynny'n wir ond nid pawb, fodd bynnag, hyd yn oed mewn cyfnod o gyfnewid athrawiaethol, a fyddai mor optimistig yngylch potensial y natur ddynol i ymateb yn ddigymell i Dduw na chollfarnu'r golygon roedd Awstin Fawr wedi eu dwyn i'r golau gynifer canrifoedd ynghynt.

Ond i R.S.Thomas nid oedd namyn un ffordd ymlaen. 'Tybed nad yw gogwydd meddyliaeth ddiwinyddol yn cyfeirio ymlaen', meddai,

> at amser pan y difodir y gwrthddywediad [rhwng iawn cyffredinol ac etholedigaeth neilltuol], pan ddaw yr amser i bawb gydnabod cyffredinolrwydd darpariaeth yr efengyl, rhyddid ewyllys ac etholedigaeth amodol? (t.367).

Iddo ef, roedd y dehongliad newydd mor eglur â'r haul. Roedd dyddiau'r hen Galfiniaeth wedi'u rhifo.

Gwarchod y ffydd

Er gwaethaf ei farn ddifloesgni ynghylch gwendidau tybiedig Calfiniaeth, diwinydd uniongred a cheidwadol oedd R.S.Thomas, un a safai'n ddiogel oddi mewn i ffiniau eang ffydd glasurol Eglwys Crist. Nid heretig mohono, ac nid oedd yn rhyddfrydwr nac yn fodernydd o fath yn y byd.

Tad y ddiwinyddiaeth ryddfrydol yng Nghymru oedd yr Annibynnwr, David Adams (1845-1923).[134] Term penagored yw 'rhyddfrydiaeth', ond gellid awgrymu iddi darddu, ar y naill law, o'r mudiad athronyddol idealaidd a gysylltir â'r Almaenwyr Immanuel Kant (1724-1804) hyd at G.W.F.Hegel (1770-1831) a'u disgyblion Prydeinig megis F.H.Bradley, Edward Caird a T.H.Green, ac ar y llaw arall oddi wrth bietistiaeth gynhesach F.D.E.Schleiermacher (1768-1834), a'i bwyslais mawr yntau ar grefydd fel *profiad* o lwyr ddibyniaeth

---

[133] Ibid.

[134] Gw. W.Eifion Powell, 'Cyfraniad diwinyddol David Adams', *Y Traethodydd* 134 (1979), tt.162-70.

ar Dduw. Yn hytrach na diwinydda o Dduw a'r datguddiad gwrthrychol ohono yn y Gair, mynnai'r dosbarth hyn o feddylwyr bwysleisio yn hytrach fewnfodaeth Duw a'r ymwybyddiaeth reddfol ohono fel yr Un roedd ei bresenoldeb yn hydreiddio'r greadigaeth. Iddynt hwy roedd Duw a'r ddynoliaeth yn un; trwy'r broses esblygiadol y câi ddwyfoldeb ei gyfleu; Crist oedd yr enghraifft berffeithiaf (hyd yma) o ffrwyth y broses honno ar waith, ac nid oedd pechod namyn ôl yr anifeilaidd mewn dyn a fyddai'n cael ei ddileu, trwy gynnydd gwareiddiad, maes o law. Mewn geiriau eraill, roedd rhyddfrydiaeth Brotestannaidd wedi troi'r ffydd glasurol tu chwith allan a'i phen i lawr. Roedd trosgynnedd Duw, yr efengyl fel ymyrraeth rasol o'r tu hwnt, pechadurusrwydd radical dyn a'i angen am achubiaeth gan waredwr a oedd yn unigryw o ran ei dduwdod, bellach dan warchae. Hon oedd 'y Foderniaeth sy'n hanu o'r Goleuo neu'r *Aufklärung* ac o'r Mudiad Rhamantaidd, a Lessing a Schleiermacher yn brif enwau ynddo; a barhawyd gan Ritschl ac a ddaeth i Gymru gyda David Adams'. Hwn, yn ôl J.E.Daniel yn 1942, '[oedd] traddodiad llywodraethol Ymneilltuaeth Cymru ers hanner canrif'.[135]

Ar ôl gyrfa gynnar fel ysgolfeistr, graddodd Adams mewn athroniaeth o Brifysgol Llundain, a'i ordeinio yn 1878 yn weinidog ar eglwysi Hawen a Bryngwenith yn Sir Aberteifi.[136] Roedd yntau ac R.S.Thomas yn gyfoeswyr fwy neu lai, ond fel meddylwyr roeddent am y pegwn â'i gilydd. Traethawd Adams ar Hegel (1884) a gyflwynodd gyfundrefn yr athronydd i'r Cymry, ond yn y *Traethawd ar Ddatblygiad yn ei Berthynas â'r Cwymp a'r Ymgnawdoliad* (1893) y cymhwysodd yr athroniaeth honno at y datguddiad beiblaidd a'i ailddehongli yn ei sgil. Er gwaethaf y cyffro, a'r cecru, a achosodd yr ailbobi hwn,[137] gwyddai Adams fod ffasiwn yr oes o'i blaid, a chyn hir daeth y dehongliad rhyddfrydol yn opsiwn poblogaidd ymhlith

[135] J.E.Daniel, 'Pwyslais Diwinyddiaeth Heddiw', yn D.Densil Morgan, *Torri'r Seiliau Sicr: Detholiad o Ysgrifau J.E.Daniel ynghyd â Rhagymadrodd* (Llandysul, 1992), tt. 149-58 [152].
[136] Gw. E.Keri Evans a W.Pari Huws, *Cofiant y Parch. David Adams BA* (Dolgellau, 1904).
[137] Gw. R.Tudur Jones, *Hanes Annibynwyr Cymru* (Abertawe, 1966), tt.250-1; idem. *Ffydd ac Argyfwng Cymru*, cyfrol 2, tt.68-72.

Ymneilltuwyr Cymru, yr Annibynwyr yn neilltuol.[138] Aeth gyrfa Adams ag ef o gefn gwlad Ceredigion i Fethesda, Arfon, yn 1888, ac oddi yno, yn 1895, i Lerpwl yn weinidog eglwys Grove Street, eglwys y gwnaeth Gwilym Hiraethog gymaint i'w thrwytho yn y ffydd Galfinaidd, radicalaidd, chwarter canrif ynghynt.

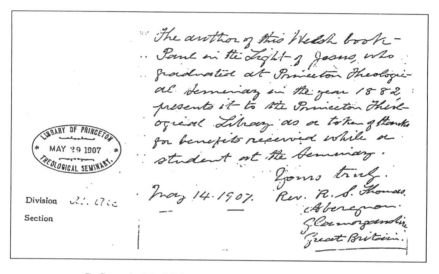

Cyflwyniad R.S.Thomas i gopi athrofa Princeton o
Adolygiad ar "Paul yng Ngoleuni Iesu"

Ffrwyth cyfnod Lerpwl, felly, oedd cyfrol David Adams *Paul yng Ngoleuni Iesu* (1897). Roedd hi'n nodweddiadol o weithiau rhyddfrydol y cyfnod a fynnai ddatgysylltu Cristionogaeth seml Iesu o Nasareth oddi wrth gymhlethdodau Iddewig y rabbi o Darsis. Prin bod y thesis yn wreiddiol, ond roedd hi'n newydd i drwch gapelwyr Cymru, a'r mynegiant ohono yn lân ac yn groyw. 'Yr ydym yn llongyfarch yr awdur ar gyhoeddiad ei lyfr', meddai R.S.Thomas yn ei adolygiad ohono, 'fel enghraifft a phrawf o ymddeffroad yr ysbryd diwinyddol yng Nghymru'.[139] Ond gwyddai darllenwyr yr adolygiad o'r

[138] Gw. Glyn Richards, *Datblygiad Rhyddfrydiaeth Ddiwinyddol ymhlith yr Annibynwyr Cymraeg* (Abertawe, 1957).
[139] R.S.Thomas, *Adolygiad ar 'Paul yng Ngoleuni Iesu'* (Caerdydd, 1898), t.vi.

dechrau mai beirniadaeth finiog yn hytrach na gwerthfawrogiad cynnes a fyddai'n dilyn. 'Y mae yn amlwg fod Mr.Adams mewn cydymdeimlad dwfn â gwyddoniaeth ac a diwylliant yr oes' (t.viii), meddai Thomas, a dyna fyddai'r norm y byddai'n ei ddefnyddio i dafoli deunydd y Testament Newydd. Tra bod Thomas yn mynnu barnu'r oes yn ôl safon y dystiolaeth apostolaidd, byddai Adams yn dehongli Iesu fel athrylith crefyddol a chrefydd fel agwedd ar gynnydd a datblygiad moesoldeb yr hil.

I Thomas, sail cyfeiliorni Adams oedd ei ddealltwriaeth anfoddhaol o natur dyn.

> Y mae deall ei ddamcaniaeth yntau am y natur ddynol, yr hon sydd yn dra gwahanol i ddamcaniaeth Paul, yn allwedd sydd yn rhoddi agoriad i ni gael syniad am ei ddiwinyddiaeth ac am ei wrthwynebiad agored i eiddo yr Apostol (t.37).

Trwy ddehongli syniadaeth feiblaidd Paul ynghylch yr ysbryd a'r cnawd yng ngoleuni'r ddeuoliaeth Roegaidd am yr enaid anfarwol yn cael ei gyfyngu oddi mewn i lygredigaeth y corff, roedd pob athrawiaeth arall – creadigaeth ddaionus Duw yn ôl Llyfr Genesis, ymgnawdoliad unigryw Crist fel gwaredwr pechodau, atgyfodiad y corff ac yn y blaen – yn rhwym o fynd ar chwâl. 'Gwrthdrawiad y cnawd materol, organaidd, ynghyda'i nwydau naturiol a hunangeisiol, yn erbyn yr enaid ysbrydol sydd gan Adams', meddai, 'ond gwrthdrawiad pechod fel egwyddor ddrwg yn erbyn sancteiddrwydd fel egwyddor dda yr Ysbryd sydd gan Paul' (t.43). Hynny yw, math ar Gnosticiaeth oedd gan Adams, y syniad fod yr elfen gorffol, faterol, greadigus yn y cyfansoddiad dynol yn hanfodol ddrwg tra bod yr elfen 'ysbrydol', a gafodd ei deall gan Adams yn nhermau moesoldeb unigol, yn hanfodol dda ac yn graidd anfarwoldeb dyn. Nid gwrthryfel yr ewyllys yn erbyn deddf wrthrychol Duw mo pechod, ond pwynt yn natblygiad ysbrydol yr unigolyn. 'Pe buasai ein hawdur wedi cael yr un dirnadaeth eang a dofn ar bechod ag a gafodd Paul, Awstin a Luther, byddai hynny yn wasanaethgar i agor ei lygaid i weld cywirdeb eu syniadau am iawn a chyfiawnhad' (t.44). Nid oedd syndod, felly, mai dehongliad Sosinaidd neu hiwmanistaidd o aberth Crist oedd gan Adams a'r iawn, a bod y ddealltwriaeth arferol o athrawiaeth yr Apostol am y groes yn wrthun ganddo. Os Sosinaidd oedd ei ddehongliad o'r iachawdwriaeth, felly hefyd ei ddealltwriaeth o Berson Crist:

> Nid ydym yn gallu bodloni ein hunain yng ngoleuni y llyfr hwn gyda golwg ar farn yr awdur ar ddwyfoldeb Crist. Yr ydym yn ofni nad ydyw mewn cytundeb â barn gyffredin yr eglwys ar y pwnc sylfaenol hwn (t.115).

Cwrtais a phwyllog oedd cywair yr adolygiad ar ei hyd, a'r feirniadaeth yn un ystyriol a chytbwys. Ond roedd yn ddeifiol, serch hynny. 'Wrth adael y llyfr, yr ydym yn gorfod ei ddisgrifio yn un anffyddol, yn cynnwys gwadiad o rai o brif egwyddorion sylfaenol Cristionogaeth' (t.126). Boed hynny fel y bo. Ymhen degawd a mwy, byddai'r syniadaeth hon wedi dod o'r ymyl eithaf i rywle tebyg i brif-ffordd athrawiaethol llawer o'r eglwysi Anghydffurfiol Cymraeg.

Erbyn i Thomas ymateb i waith Adolf von Harnack yn 1903, roedd hi'n amlwg nad ffenomen dros dro oedd y foderniaeth Brotestannaidd ond daeth bellach yn elfen barhaol yn y meddwl diwinyddol cyfoes. Athro ym Mhrifysgol Berlin oedd Harnack (1851-1930) a hanesydd eglwysig mwyaf dysgedig Ewrop. Traddododd gyfres o ddarlithoedd poblogaidd yn ystod gaeaf 1899-1900 yn gosod allan mêr y ddiwinyddiaeth newydd. Ymhlith gwrandawyr *Das Wesen des Christentums* ('Hanfod Cristionogaeth') yr oedd gŵr ifanc o Gwm Aman, Sir Gaerfyrddin, o'r enw John Morgan Jones. (*Nid* y John Morgan Jones, Pembroke Terrace, Caerdydd, a feirniadodd R.S.Thomas ar gyfrif ei 'Arminiaeth' yn 1903 *na'r* John Morgan Jones, Merthyr Tudful, a ysgrifennodd mor olau ar gyfraniad John Calfin yn 1909). Annibynnwr oedd y John Morgan Jones hwn, yn ŵr gradd o Goleg Mansfield, Rhydychen, yn fyfyriwr ôl-raddedig ym Mhrifysgol Berlin, a'r hwn a ddeuai, maes o law, yn athro ac yn brifathro Coleg Bala-Bangor. Yn y genhedlaeth a ddilynai David Adams, ef fyddai prif ladmerydd y ddiwinyddiaeth ryddfrydol ymhlith yr Annibynwyr Cymraeg.[140] Mewn ysgrif a gyhoeddwyd yn *Y Traethodydd* yn 1903, cafwyd adolygiad miniog arall gan Thomas ar y gwaith, a ymddangosodd mewn gwedd Saesneg o dan y teitl *What is Christianity?* ddwy flynedd ynghynt. Eto, dull naturiolaidd y dehongliad o Grist ac o Gristionogaeth oedd brif asgwrn y gynnen:

> Edrychai corff yr eglwys Gristionogol ar y gwirionedd ynghylch person Duw-ddynol Crist fel un o wirioneddau hanfodol a sylfaenol Cristionogaeth. Eithr y mae Harnack yn gwrthod y ddamcaniaeth hon ... Barna efe mai dyn yn unig oedd yr Iesu, ac nid oes sail ysgrythurol am ei dduwdod uwchanianol.[141]

Ar ôl disgrifio cynnwys cyfrol Harnack a mynegi hanfod y genadwri Gristionogol fel 'Teyrnas Dduw a'i dyfodiad ... Duw y Tad a gwerth anfeidrol yr enaid dynol ... [ac] y cyfiawnder uwch a'r gorchymyn o gariad – Yn ôl ein hawdur y mae y tri gwirionedd syml, ond cyfoethog, hyn yn cynnwys holl hanfod y sylwedd yr efengyl' (t.307), aeth Thomas ati i'w beirniadu yn ôl canonau'r Gristionogaeth glasurol. A'r casgliad? 'Y mae [Harnack] wedi gwneud ymdrech feiddgar i geisio gosod i fyny grefydd naturiol yn lle Cristionogaeth' (t.315). Unwaith eto, dyma Thomas yn sefyll yn erbyn yn llif ac yn datgan rhagoriaeth yr hen uniongrededd ar dybiaethau cynyddol boblogaidd y foderniaeth newydd.

---

[140] Am John Morgan Jones (1873-1946), gw. Robert Pope, *Seeking God's Kingdom: The Nonconformist Social Gospel in Wales, 1906-1939* (Cardiff, 1999), tt.67-82; cafwyd teyrnged drawiadol gan Jones i'w hen athro ym mlwyddyn marw Harnack, gw. J.Morgan Jones, 'Adolf von Harnack, 1851-1930', *Yr Efrydydd* 6 (1930), t.285.

[141] R.S.Thomas, 'Dr. Harnack ar "Beth yw Cristionogaeth?"', *Y Traethodydd* 58 (1903), tt.302-315 [306].

Pennod 5
Tynnu tua therfyn y daith

Erbyn 1914 roedd R.S.Thomas wedi cyrraedd oed yr addewid. Roedd yn dal yn iach ac yn heini er gwaethaf ei chwarter canrif o weithio yn mhyllau Aberdâr ac yn llwch glo carreg Pennsylvania ddegawdau ynghynt. Ond roedd y byd yn prysur newid a'r gwirioneddau y gallodd gymryd yn ganiataol yn ddyn ifanc yn cael eu hystyried yn greirau gan fwy a mwy o blith y genhedlaeth a oedd yn codi. Byth oddi ar iddo roi'r gorau am ofalu am y praidd ym Mhenderyn yn 1894, byddai'n ennill ei damaid trwy bregethu ar y Suliau. 'After this I had no pastoral care formally', meddai wrth bobl Princeton yn 1907, 'but settled down as an itinerant preacher, studying and writing on theology'.[142] Mae'n ymddangos ei fod ef, a Margaret ei wraig, yn hapus i wneud hyn o'u cartref, Ardaith, 49 Heol Aberpennar, Abercynon, ac yno y byddent hyd ddiwedd eu hoes. Arwydd o'r ffaith fod y blynyddoedd yn llithro heibio oedd iddo orfod ffarwelio â hen gydnabod, a neb yn anwylach yn ei olwg na'i gyfoeswr o ddyddiau coleg, Hugh Hughes o Benrhoslligwy, Môn. Cyn-weinidog eglwys Warrior Run, Pennsylvania, oedd Hughes, ac fel Thomas yntau, yn mawr brisio'r addysg ddiwinyddol a gafodd wrth draed Charles ac A.A.Hodge, Charles Aiken a William H.Green yn Athrofa Princeton. 'Yn eglwys Warrior Run y gwelais y dosbarth gorau yn yr ysgol sabbothol a welais erioed', meddai Thomas, 'dan arweiniad yr hen dad Hugh Rhys, tad y Prifathraw John Rhys, Rhydychain'.[143] Wedi treulio cyfnodau yn gwasanaethu Methodistiaid Cymraeg dwyrain Pennsylvania yn Wilkes-Barre, Bangor a Wind Gap, dychwelodd Hughes i Fôn yn 1904 ac yno, yn ei gartref yn ymyl troed Mynydd Bodafon, bedair blynedd yn ddiweddarach, y bu farw. 'Bellach', meddai Thomas mewn teyrnged ddwys, 'y mae y lle hwn wedi mynd yn dra

---

[142] Ffeil R.S.Thomas, Llyfrgell Speer, Athrofa Ddiwinyddol Princeton, gohebiaeth 1907.
[143] R.S.Thomas, 'Y diweddar Barch. Hugh Hughes, Bryn'refail, Môn', *Y Drysorfa* 79 (1909), tt.174-6 [174].

chysygredig yn fy nheimlad innau, oblegid yma y gorwedd y cyfaill anwylaf oedd gennyf yn awr yng Nghymru'.[144]

Arwydd arall o'r ffaith fod y byd yn newid oedd fod gwerthoedd yr hen biwritaniaeth bellach dan gabl. 'Nid yw crefyddwyr Cymru y blynyddoedd hyn yn cadw Dydd yr Arglwydd mor sanctaidd a'u blaenafiaid',[145] meddai mewn truth gerbron Cyfarfod Dosbarth Aberpennar yn Nhachwedd 1913. Gallai Thomas gofio'r amser y byddai Methodistiaid Cwm Cynon yn unfryd o blaid cadwraeth y sabbath, 'Eithr nid yw sêl y plant mor danbaid ag eiddo y tadau, ac ofnwn ein bod yn canfod arwyddion o dosturi yn rhai o'r plant at sêl eu blaenafiaid' (t.198). Arswydai rhag penderfyniad cyngor Caerdydd i dalu seindorf leol i ddiddanu rhodianwyr ysgafala Parc y Rhath ar y Suliau: 'Onid yw peth fel hyn yn ddifrifol mewn gwlad fel Cymru, yr hon sydd wedi bod, yn y gorffennol agos, mor enwog am ei pharchedigaeth i'r Sabath?' (*ibid.*). I Thomas nid peth Iddewig oedd y sabath ond yn ordinhad parhaol Duw er lles dyn. Roedd y gadwraeth ohono, felly, yn rhwymedig ar bawb ac nid ar Gristionogion yn unig. Ond ofer oedd ei apêl. Ni fyddai gwerthoedd piwritaniaeth y bedwaredd ganrif ar bymtheg yn mennu fawr ddim ar seciwlariaeth gynyddol yr ugeinfed ganrif yng nghymoedd y de, hyd yn oed ymhlith y sawl a fyddai'n dal i arddel y grefydd Ymneilltuol.

Ni wyddys beth oedd barn R.S.Thomas am y Rhyfel Mawr ac ychydig a wyddom am ei farn ar faterion cymdeithasol a gwieiddyddol ei gyfnod. Rhychwantodd ei fywyd oes aur y gwareiddiad Ymneilltuol Cymreig; cofiai rai fel Lewis Edwards (1809-87), Owen Thomas, Lerpwl (1812-91) ac Edward Matthews, Ewenni (1813-93) pan oeddent yn anterth eu dyddiau, ac roedd yn gyfoeswr, fwy neu lai, â'u holynwyr fel Thomas Charles Edwards (1837-1900) a J.Cynddylan Jones (1840-1930). Cafodd fyw i weld y Gymru Ymneilltuol yn cynyddu, blodeuo ac ymestyn ei chortynnau, nid lleiaf i gynnwys cymunedau bywiog ac egnïol ym Mhennsylvania a' Thalaith Efrog Newydd, a thystiodd i'r ffaith fod gwerthoedd y

---

[144] Ibid., t. 176.
[145] R.S.Thomas, 'Natur y Sabbath, a dull ei gadwraeth', *Y Drysorfa* 84 (1914), tt.197-201, 262-5, 309-11 [197].

Gristionogaeth efengylaidd wedi meddiannu, i bob pwrpas, ddychymyg ac ymarweddiad y genedl gyfan. Cafodd fyw, hefyd, i weld haul y Gymru Ymneilltuol yn dechrau machlud. Mewn cyfrol fechan a gyhoeddodd yn 1915, parhaodd â'i feirniadaeth ar y ddiwinyddiaeth ryddfrydol a oedd bellach yn disodli'r cytgord efengylaidd a fu'n sail i ddiwylliant crefyddol Cymru ers canrif gyfan. Roedd yr *Adolygiad ar Feirniadaeth D.Tecwyn Evans ar Emynau Cymru* (1915) yn mynegi fel yr oedd rhyddfrydiaeth yn prysur droi yn safon ymhlith crefyddwyr Cymru. Un o weinidogion iau y Wesleaid oedd D.Tecwyn Evans (1876-1957) a oedd eisoes wedi denu sylw fel lladmerydd huawdl o blaid uwchfeirniadaeth feiblaidd.[146] Ymateb i ddwy ysgrif ar gynnwys athrawiaethol emynau Cymru a gyhoeddodd Evans yn y cylchgrawn llenyddol *Y Beirniad* a wnaeth Thomas:[147] 'Nid yn unig ni dderbynia [Evans] yr iawn dirprwyol ac eglwysig, eithr hefyd arddengys deimlad cryf yn ei erbyn. A'r teimlad hwn barodd iddo gollfarnu yr emynau dan sylw'.[148] Yr argraff a geir o ddarllen ei bamffled yw bod cyfnod wedi mynd heibio ac er gwaethaf ei fedrusrwydd, ei ddysg a hanner dwsin o gyfrolau gyda'r manylaf erioed o blaid athrawiaeth iach, ni allai wneud fawr ddim i droi'r llif yn ôl. Roedd hi'n ymddangos, bellach, fod y ffydd ddiffuant o dan warchae a bod uniongrededd clasurol yn y Gymru gapelog ar fin cael ei ysgubo i ffwrdd.

Moses ac Eseia

Yn ei henaint dychwelodd R.S.Thomas at y pwnc a ddenodd ei bryd fel awdur ifanc o löwr yn Pennsylvania ddeugain mlynedd a mwy ynghynt ac yna yn ei drafodaeth â Llewelyn Ioan Evans, ei gyd-Gymro Americanaidd yn yr 1890au, sef athrawiaeth yr Ysgrythur a'i hysbrydoliaeth.[149] Os y drafodaeth ynghylch natur

---

[146] E.Tegla Davies a D.Tecwyn Evans (goln), *Llestri 'r Trysor* (Bangor, 1914); am effaith y gyfrol gw. R.Tudur Jones, *Ffydd ac Argyfwng Cymru: hanes crefydd yng Nghymru 1890-1914*, cyf.2 (Abertawe, 1982), t.102.

[147] D.Tecwyn Evans, 'Ein llyfrau emynau', *Y Beirniad* 4 (1914), tt 87-100, 204-16.

[148] R.S.Thomas, *Adolygiad ar Feirniadaeth D.Tecwyn Evans ar Emynau Cymru* (Aberdâr, 1915), t.10.

[149] R.S.Thomas, 'Ysbrydoliaeth geiriol y Beibl', *Y Cyfaill o 'r Hen Wlad* 39 (1876), tt.155-60; idem., 'Ysbrydoliaeth ac anffaeledigaeth y Beibl', *Y Cyfaill o 'r Hen Wlad* 54 (1891), tt.457-60: *Y Cyfaill o 'r Hen Wlad* 55 (1892), tt.17-19, 56-9, 96-9, 137-40, gw. penod 2, uchod.

ysbrydoliaeth yr Ysgrythur ymhlith Presbyteriaid America oedd cyd-destun y ddadl â Llewelyn Evans, dadl a welodd ddiarddel yr ysgolheigion Charles Augustus Briggs a Henry Preserved Smith o rengoedd gweinidogion Eglwys Bresbyteraidd America yn 1894,[150] anghytundeb â chynrychiolydd o genhedlaeth iau a barodd i Thomas godi'i ysgrifbin am y tro olaf yn 1921 a 1922. Roedd D.Francis Roberts (1882-1945) yn un o weinidogion galluocaf cyfundeb y Methodistiaid Calfinaidd o blith y to iau. Yn raddedig o Goleg y Gogledd ym Mangor, bu'n astudio hefyd yn Berlin a Marburg cyn ei benodi'n ddarlithydd cynorthwyol mewn Hebraeg ym Mhrifysgol Glasgow. Wedi ei ordeinio, gwasanaethodd gyntaf ym Maenofferen, Blaenau Ffestiniog, cyn symud yn 1920 i ofalu am eglwys Fitzclarence Street, Lerpwl. Gwahoddwyd ef i lunio esboniad yr Hen Destament ar gyfer dosbarth ieuenctid hŷn yr ysgolion Sul, a ffrwyth ei lafur oedd y *Llawlyfr ar y Pumllyfr* (1920). Ynddo cyflwynodd, mewn modd amheuthun o ddarllenadwy, y farn gyffredin ymhlith ysgolheigion beiblaidd ar gynnwys llyfrau Moses. Mynnodd nad Moses oedd awdur y Pumllyfr ond ei fod yn waith cyfansawdd a luniwyd yn y Gaethglud ym Mabilon ganrifoedd lawer yn ddiweddarach ac nad oedd ynddo nemor ddim o werth fel hanes. Yn hytrach llên gwerin yr Hebreaid ydoedd â llawer o'i gynnwys ac yn amrwd tu hwnt.[151]

O ran ei gynseiliau roedd cyfrol Roberts (er yn ardderchog iawn ar sawl cyfrif) am y pegwn â'r math o feirniadaeth grediniol, gymedrol, a nodweddai waith Llewelyn Ioan Evans (a Charles A.Briggs) genhedlaeth a mwy ynghynt; ond bellach roedd y byd diwinyddol wedi symud ymlaen. Os oedd beirniadaeth gymedrol yr 1890au − er yn ymwrthod ag awduraeth Moses o'r Pumllyfr ac ag unoliaeth awdurol Eseia − yn arddel y ffydd efengylaidd yn ei chyflawnder ynghyd â'r cysyniad o drosgynnedd Duw, duwdod Crist a'r gwyrthiau a'r

[150] Gw. D.Densil Morgan, 'Llewelyn Evans, Wales and the "Broadening Church"', *Journal of Presbyterian History* 81 (2003), tt.221-41; am helynt Briggs a Smith, gw. Jack Rogers a Donald McKim, *The Authority and Interpretation of the Bible* (San Francisco, 1979), tt.348-61; Mark A.Massa, *Charles Augustus Briggs and the Crisis of Historical Criticism* (Minneapolis, 1990).
[151] Am y ddadl a achosodd cyfrol Francis Roberts a'r cyd-destun ymhlith y Methodistiad Calfinaidd, gw. D.Densil Morgan, *The Span of the Cross: Christian Religion and Society in Wales, 1914-2000* (Cardiff, 1999), tt.107-122.

atgyfodiad fel digwyddiadau hanesyddol,[152] roedd cynseiliau rhyddfrydol y genhedlaeth bresennol yn amlwg i bawb. Bellach troes esblygiad yn allwedd i ddeall yr hanes beiblaidd ac ni chaniatawyd y syniad o wyrth nac o ymyrraeth ddwyfol o'r tu hwnt. Sylweddolodd Thomas yn reddfol nad dehongliad mwy goddefol o'r hen uniongrededd oedd hwn ond cyfundrefn athrawiaethol gwbl wahanol. Er yn hen ŵr yn nesu at ei bedwar ugain, ni allai lai na chodi ei lais.

Er gwaethaf pwysau'r blynyddoedd roedd Thomas ar ei finiocaf, a'i fwyaf soffistigedig, yn yr ysgrifau olaf hyn. Gan bwyso ar fethod didwythol diwinyddiaeth Princeton, mynnai fod y cysyniad o ysbrydoliaeth feiblaidd yn rhagdybio anffaeledigrwydd neu ddiwallusrwydd y testun ysgrythurol. Roedd ef yr un mor ymwybodol â Francis Roberts o natur amrywiol cynnwys y Beibl, ond yn wahanol i'r gŵr iau, ni fynnai briodoli iddo wallusrwydd. Yn hytrach na dechrau gyda chasgliad o destunau amrywiol neu ddigyswllt a cheisio dyfalu sut y cawsent eu crynhoi ynghyd i greu'r Beibl, dewisodd ddechrau trwy esbonio'r cysyniad o ddatguddiad ar sail deunyddiau o'r Beibl ei hun. Yn ôl yr Epistol at yr Hebreaid roedd Duw wedi datguddio'i hun yn ei Air: 'Duw, wedi iddo lefaru lawer gwaith a llawer modd gynt wrth y tadau trwy y proffwydi, yn y dyddiau diwethaf hyn a lefarodd wrthym ni yn ei Fab' (Heb.1:1).

[Gwelir] i Dduw ddefnyddio goreugwyr crefyddol dynoliaeth i gydweithio ag Ef er cynhyrchu llyfr o'r gwerth a'r pwysigrwydd uchaf, sef, proffwydi. Y mae mor eglur â'r haul ganol dydd mai'r awduraeth ddwyfol trwy Berson yr Ysbryd Glân sydd wedi gosod y gwerth a'r pwysigrwydd uchaf ar y Beibl.[153]

---

[152] Cf. Mark E.Noll, *Between Faith and Criticism: Evangelicals, Scholarship and the Bible* (San Francisco, 1986), tt.18-22.

[153] R.S.Thomas, 'Ysbrydoliaeth llyfrau Moses: adolygiad ar lawlyfr D.Francis Roberts ar y Pumllyfr', *Y Drysorfa* 74 (1921), tt.19-24, 46-51 [20].

Esboniad trwyadl ddiwinyddol sydd gan Thomas; mae'n cychwyn gyda haeriad athrawiaethol sy'n codi'n uniongyrchol o'r Ysgrythur, ac mae'n mynd ati i gymhwyso'r haeriad hwnnw at gorff yr Ysgrythur gyfan. Mae'n ofalus i gysylltu'r haeriad â Pherson y Tad, yr hwn a lefarodd yn wreiddiol, ac â Pherson y Mab sy'n ddiben ac yn benllanw'r datguddiad beiblaidd, ac â Pherson yr Ysbryd Glân, yr hwn a ysbrydolodd y tadau a'r proffwydi yn y lle cyntaf. Nid yw'n arddel llythrenoliaeth, ac nid oedd dim byd prennaidd neu beiriannol ynghylch y broses hon. Trwy'r ymwacâd, gadawodd Crist le i'r Ysbryd weithio trwyddo, ac er i'r awduron beiblaidd – y tadau, y proffwydi ac wedyn yr apostolion - ildio'u hunain i'r cymhelliad dwyfol, ni fu iddynt golli eu nodweddion dynol wrth gofnodi'r datguddiad a ymddiriedwyd iddynt.

> Nid peiriannu a darostwng yr ysgrifenwyr canonaidd oedd y cynhyrfiad goruwchnaturiol a roddodd yr Ysbryd Glân iddynt, ond eu dynoli, eu datblygu yn feddyliol i raddau helaethach na therfynau galluoedd naturiol dynoliaeth (t.47).

Nid peiriannau oeddent ac nid rhyw fath o ymgorfforiad o Dduw mo'r Beibl; llyfr dynol ydyw, ond iddo gael ei gynhyrchu *fel llyfr dynol* dan oruchwyliaeth yr Ysbryd. Yn ôl Thomas, dyna roedd y Beibl yn dysgu amdano'i hun, a dyna roedd adnodau eraill megis 2 Timotheus 3:16, 'Yr holl ysgrythur sydd wedi ei rhoddi gan ysbrydoliaeth Duw', yn ei ategu: 'Oherwydd y ffeithiau a nodwyd yn y Beibl amdano ei hun, yr wyf yn mawr anghymeradwyo Llawlyfr Mr Roberts ar ddysgeidiaeth y Pumllyfr' (t.21).

Nid yn unig roedd y Beibl yn cyfeirio at ei awdurdod ei hun, ond roedd Iesu Grist yntau, trwy ymostwng i awdurdod y datguddiad yn yr Hen Destament, yn cadarnhau natur yr Ysgrythur fel Gair Duw. 'Fel y dyfynasom', meddai Thomas, 'pwysleisia y Testament Newydd yn drwm awduraeth ddwyfol yr Hen Destament. Eithr pwysleisia Mr. Roberts yn llawn mor drwm awduraeth ddynol ffaeledig y Pumllyfr' (*ibid.*). Tra bod Roberts yn rhesymu ar sail dealltwriaeth y beirniaid diweddaraf ynghylch tarddiad tebygol y deunydd beiblaidd yn niwylliant amherffaith yr hen fyd, roedd Thomas yn rhesymu ar sail y cysyniad o ddatguddiad neilltuol o eiddo Duw. Doedd dim rhyfedd fod bwlch rhwth wedi agor rhwng deiliaid y ddau safbwynt. A pho fwyaf y byddai'r cyhoedd Cristionogol yn arddel y syniadau newydd am yr Ysgrythur, honnai Thomas, mwyaf simsan y byddai eu ffydd:

> Y mae sôn am awduraeth ddwyfol yr Hen Destament fel y gwna awdur y Hebreaid yn tueddu yn naturiol i gynhyrchu parch iddo, ac ymostyngiad i'w ddysgeidiaeth, tra y mae sôn yn unig am ei awduraeth ddynol ac am ei wendidau, yn tueddu dynion o ogwydd anffyddiol i'w diraddio a'i wawdio (t.22).

Mewn geiriau eraill, roedd syniadaeth o'r fath roedd D.Francis Roberts yn ei hyrwyddo yn gwneud cyfrannu at y broses o secwlareiddio'r ffydd. I Thomas, mater o ragdybiau oedd hyn, ar y naill law resymoliaeth secwlaraidd â'i tharddiad yn yr argyhoeddiad na allai Duw ymyrryd o'r tu hwnt a thywys hanes i'w ddibenion ei hun, a'r argyhoeddiad cyferbyniol ynghylch gallu Duw trwy wyrth ac ysbrydoliaeth i wneud yr union beth hyn:

> Ychydig iawn o le a rydd llawer o'r ysgol uwchfeirniadol i'r syniad eglwysig o ysbrydoliaeth. Cynnyrch datblygiad naturiaethol yw'r Hen Destament a'r Newydd gan lawer o'r ysgol hon. Ac y mae yn dra amlwg i mi mai hyn yw safle Mr. Roberts yn ei ddysgeidiaeth ar y Pumllyfr (t.50).

Nid ffwndamentalydd di-ddysg mo R.S.Thomas yn ôl tystiolaeth y ddwy ysgrif ddisglair hyn ond diwinydd uniongred tra galluog a oedd yn sylweddoli fod hygrededd y ffydd, fel yr oedd ef yn ei deall hi, yn y fantol. 'Yr wyf wedi darllen cryn lawer o gynnyrch meddwl uwchfeirniaid am dros hanner can mlynedd', meddai, 'gyda meddwl agored; eithr ni chefais erioed fy nhemtio i ollwng fy ngafael o'r Beibl fel safon cred a buchedd' (t.23).

Yr hyn sy'n drawiadol am gyfres olaf ysgrifau R.S.Thomas, 'Undod awdurol Eseia', a gyhoeddodd pan oedd yn 78 oed yn 1922, oedd ehangder ei wybodaeth a'i gyfarwydder perffaith â rhychwant mor helaeth o weithiau ysgolheigaidd, yn geidwadol ac yn rhyddfrydol, ar lyfr y proffwyd. Er iddo amddiffyn y syniad traddodiadol am unoliaeth llyfr Eseia, mae'n gwbl gyfarwydd â'r dadleuon ynghylch yr 'Ail Eseia' (sef penodau 40-66 a ysgrifennwyd nid gan Eseia o Jerwsalem (c.760 CC) ond gan broffwyd anhysbys a oedd yn ei flodau yng nghyfnod y Gaethglud, tua 550 CC), ac mae'n medru tafoli'r rhesymau dros ac yn erbyn y farn draddodiadol yn ddeheuig dros ben. Cofnodai fannau gwan y ddamcaniaeth newydd – sut allai proffwyd mor fawr â'r 'Ail Eseia' fod wedi aros mor gwbl anhysbys i draddodiad yr Hebreaid er i'n gwybodaeth am lawer o fân broffwydi o'r un cyfnod fod yn dra helaeth? – ac mae'n dangos fel y gallai'r gwahaniaethau arddull rhwng penodau 1-39 a phenodau 40-66 gael eu hesbonio'n berffaith resymol heb orfod priodoli'r gwaith i fwy nag un awdur.

Rhagdybiaethau rhesymolaidd y beirniaid rhyddfrydol, a'r beirniaid cymedrol fel J.Morgan Jones, Merthyr, yn ei esboniad yntau *Llyfr y Proffwyd Eseia: 40-66* (1919), a barodd iddynt gloffi. 'Dengys [y dystiolaeth] fod dysgeidiaeth Mr.Jones allan yn llwyr o diriogaeth y goruwchnaturiol; saif ar yr un tir naturiaethol â Socrates',[154] meddai Thomas. (Y John Morgan Jones hwn, gyda llaw, oedd yr un a luniodd gyfrol mor dda ar John Calfin yn 1909; iddo ef roedd ymlyniad wrth Galfiniaeth yn medru mynd law yn llaw â dulliau beirniadol o drafod y Beibl). Am i'r beirniaid ddiystyru'r posibilrwydd y gallai proffwyd, trwy ysbrydoliaeth ddwyfol, ragweld y dyfodol, ni allent ganiatáu'r syniad fod Eseia o Jerwsalem wedi

---

[154] R.S.Thomas, 'Undod awdurol Eseia', *Y Drysorfa* 93 (1922), tt.139-45, 173-8, 222-5, 252-6 [223].

rhagfynegi'r hyn a ddigwyddodd i'r genedl adeg y Gaethglud, ac yn sicr ni allent ddirnad y syniad fod caneuon Gwas yr Arglwydd (Eseia 53) yn rhagfynegiad dilys o aberth iawnol Crist. Barn unfryd y Testament Newydd heb sôn am draddodiad Israel gyfan, oedd mai cyfanwaith oedd llyfr Eseia ac yn gynnyrch y proffwyd oedd â'i enw yn gysylltiedig â'r gwaith. Hwn, hefyd, oedd barn Iesu ac i R.S.Thomas roedd hynny'n ddigon i dorri'r ddadl. 'Y mae gwirioned beiblaidd', meddai, 'yn gryfach na dysgeidiaeth gyfeiliornus llond bydysawd o uwchfeirniaid, pa rai a honnant hawl a gallu i gywiro dysgeidiaeth y Beibl' (t.256). A gyda'r pendantrwydd nodweddiadol hwnnw y daeth gyrfa lenyddol y diwinydd o Gwm Cynon i ben.

Y dyn yn y dafol

Bu farw R.S.Thomas ar 3 Mehefin 1923 a'i gladdu ym mynwent gyhoeddus Aberdâr. Goroeswyd ef gan Margàret, ei wraig, a fu hithau farw, yn 90 oed, ar 18 Gorffennaf 1934. Ni fu iddynt blant ar wahân i'r chwech a fu'n farw-anedig ac a adawyd ar ôl ym mhridd pellenig Pennsylvania. 'Yng nghymeriad ein cyfaill ymadawedig', meddid adeg ei farw, 'ceid llawer o blygion godidog. Er bod ychydig ddiffygion bychain, neu yn hytrach *oddities*, yn y gweinidog da hwn ceid ynddo rinweddau llawn mor luosog a thanbaid'.[155] Nid oes neb yn gwybod bellach beth yn union oedd y plygion bach digrif hynny. Ni fu Thomas yn ddigon enwog i neb lunio cofiant iddo ac ar wahân i nodyn yn *Y Goleuad* pan fu farw a theyrnged fer gan ei gymydog, J.Richard Evans ym *Mlwyddiadur* ei gyfundeb,[156] ni chofnododd neb ei atgofion amdano. Bu farw fel y bu fyw, yn bregethwr di-nod o gyn-löwr a oedd yn digwydd bod ymhlith y diwinyddion mwyaf dysgedig a welodd Cymru erioed.

Fe droes ei law unwaith at lun o hunangofiant yn y nodiadau a ysgrifennodd mewn ymateb i holiaduron cyson ei hen goleg yn Princeton. Er i ni gyfeirio at rhain o'r blaen yn y gyfrol hon, mae'n werth dyfynnu'r 'hunangofiant' yn llawn.

---

[155] W.M.Davies, 'Y diweddar Barch. R.S.Thomas, Abercynon', *Y Goleuad*, 13 Mehefin 1923, 4.
[156] J.R.Evans yn *Blwyddiadur y Methodistiaid Calfinaidd 1924* (Caernarfon, 1924), t. 308.

Mae'n awgrymu, o bosibl, rywbeth o'i odrwydd ac yn datgelu elfen o arwriaeth anymwybodol yn ogystal:

> I was born at Llansawel, Wales, April 24, 1844. I came to America in April 1869. After working in the coal mines in Wales and Pennsylvania for 26 years, I entered Princeton Seminary in September 1879 direct from Moosic, Pa. coal mines, as a Licentiate of the Welsh Calvinistic Methodist Church of Northern Pennsylvania. After spending three years at Princeton, I graduated in 1882. For 4 years I was a pastor of a Welsh Calvinistic church at Taylorville, Pa. and I was a pastor over the Welsh Calvinistic church at Nanticoke, Pa. In October 1892 I returned to live in my native land.
>
> I have published six books on theology in the Welsh language. I composed the first at Nanticoke, Pa. on Justification by Faith and composed the other five in Wales. It is more than possible that I have published my last book, although that is not certain. I have already published more quantity of theology,

in the Welsh language, than by any living Welshman before me. So it is time for me to rest a little, although I feel, mentally and bodily, as good as ever.[157]

Ac yna i brofi megis mai Cymro Cymraeg oedd hwn, yn ysgrifennu'n ddigon carpiog yn ei ail iaith, meddai: 'Please pardon this short self biography' (*ibid.*).

Ni wyddys beth a ddaeth o'i eiddo. A barnu oddi wrth ei liaws weithiau ysgrifenedig, rhaid bod ganddo lyfrgell ardderchog. Ni lwyddodd chwilota helaeth mewn archifdai ym Morgannwg a thu hwnt i ddod o hyd i unrhyw bapurau o'i eiddo.[158] Ar wahân i un llythyr, nid oes dim yng nghasgliad helaeth y Methodistiad Calfinaidd yn y Llyfrgell Genedlaethol.[159] Y tebygrwydd yw bod trysorau amhrisiadwy wedi mynd ar goll.

O fesur a phwyso cyfraniad Thomas, rhaid cydnabod yr anawsterau. Ni chafodd fawr ddylanwad ar ei gyfoeswyr ac erbyn degawdau cyntaf yr ugeinfed ganrif, roedd y safbwynt a goleddai yn wrthodedig gan bawb. Nid tan y 1930au y cafwyd adwaith yn erbyn rhyddfrydiaeth David Adams a'i ysgol ac o du Karl Barth, trwy gyfryngdod y diwinydd o Annibynnwr J.E.Daniel, y digwyddodd hynny.[160] Er i'r Methodistiaid Calfinaidd ddyfarnu o blaid uniongrededd yn dilyn yr helyntion ynghylch y Gyffes Ffydd rhwng 1920 a 1933, y cymhelliad ffwndamentalaidd a phietistig trwy ddylanwad yr arweinydd efengylaidd W.Nantlais Williams a yrrodd y symudiad hwnnw ymlaen.[161] Nid oedd Nantlais a'i bobl ar y naill law, nac Ivor Oswy-Davies, sef prif ladmerydd safbwynt Barth ymhlith y

---

[157] Ffeil R.S.Thomas, Llyfrgell Speer, Athrofa Ddiwinyddol Princeton, gohebiaeth 19 Ionawr 1912.

[158] Mae fy nyled yn drwm i Mr Leslie Davies, hanesydd Aberdâr a'r cylch, am grybinio (yn ofer, ysywaeth) trwy ddeunyddiau yn y fro.

[159] Llyfrgell Genedlaethol Cymru llsg 2868, R.S.Thomas at Daniel Davies, Ton, 19 Ebrill 1905, gw. nodyn 122 uchod.

[160] Gw. D.Densil Morgan, *Torri'r Seiliau Sicr: Detholiad o Ysgrifau J.E.Daniel ynghyd â Rhagymadrodd* (Llandysul, 1992), tt.1-89; idem., 'The early reception of Karl Barth's theology in Britain: a supplementary view', *Scottish Journal of Theology* 54 (2001), tt.504-27.

[161] Gw. R.H.Evans, *Y Datganiad Byr ar Ffydd a Buchedd* (Caernarfon, 1971), *passim*; Morgan, *The Span of the Cross*, tt.107-130.

genhedlaeth iau,[162] yn gwybod nemor ddim am R.S.Thomas nac am gorff ei waith. Yn America tua'r un pryd aeth diwinyddiaeth Princeton hithau dan gwmwl trwy'r rhwygiadau oddi mewn i'r Eglwys Bresbyteraidd a gysylltir ag enw'r ysgolhaig beiblaidd J.Gresham Machen,[163] ond nid effeithiodd hynny ar Gymru o gwbl.tynged prif, onid unig, gynrychiolydd diwinyddiaeth Princeton yng Nghymru oedd cael ei anwybyddu yn ystod ei oes ei hun a'i lwyr anghofio yn y blynyddoedd dilynol. Nid tan y 1970au y dechreuodd sylwebyddion ddarllen ei weithiau o'r newydd a sylweddoli pa mor arbennig oedd eu cynnwys a pha mor neilltuol oedd eu harwyddocâd.

O ran ei gyfraniad at draddodiad Princeton, disgybl beirniadol ydoedd ar y gorau. Ni ddilynodd neb yn slafaidd erioed. Ac ystyried manylion ei gristoleg a'i ymwrthodiad bywiog â'r 'pum pwnc', nid Calfinydd ydoedd o gwbl, ond o ran ei ddysgeidiaeth am y Beibl a'i ymlyniad pendant a deallus wrth ragdybiaethau athroniaeth 'synnwyr cyffredin' yr Alban, roedd yn gwbl gytûn â dysgeidiaeth athrofa New Jersey. Yr hyn sy'n ei glymu dynnaf wrth draddodiad Princeton yw ei ddifrifoldeb athrawiaethol, ei glasuriaeth ddiwinyddol ddigyfaddawd, ei ffydd yng ngwrthrychedd rhesymol y datguddiad unigryw yn y Gair a'i barch at ei athrawon, Charles Hodge a'i fab A.A.Hodge yn neilltuol.[164] 'The author of this Welsh book' meddai yn 1907, 'who graduated at Princeton Theological Seminary in the year 1882, presents it as a token of thanks for benefits received while a student at the seminary'.[165]

Ar wahân i'w grebwyll athrawiaethol, swmp ei ddiwylliant crefyddol, rhychwant syfrdanol ei wybodaeth ac ehangder anarferol ei ddysg, yr hyn sy'n ein taro wrth ddirwyn yr astudiaeth hon i ben yw annibyniaeth ei feddwl oddi mewn i

---

[162] Gw. D.Densil Morgan, *Cedyrn Canrif: Crefydd a Chymdeithas yng Nghymru'r Ugeinfed Ganrif* (Caerdydd, 2001), tt.132-57.

[163] Gw. D.G.Hart, *Defending the Faith: J.Gresham Machen and the crisis of conservative Protestatism in modern America* (Grand Rapids, 1995); Bradley J.Longfield, *The Presbyterian Controversy: Fundamentalists, Modernists and Moderates* (New York, 1991); William J. Weston, *Presbyterian Pluralism: competition in a Protestant house* (Knoxville, 1997).

[164] Ceir erthyglau ardderchog ar Ddiwinyddiaeth Princeton yn D.G.Hart a Mark A.Noll (goln), *Dictionary of the Presbyterian and Reformed Tradition in America* (Downers Grove, Illinois, 1999), tt. 202-3 a Donald K.McKim (gol.), *The Westminster Handbook to Reformed Theology* (Louisville, Ky., 2001), tt.182-4.

[165] Blaendudalen copi'r Athrofa o R.S.Thomas, *Paul yng Ngoleuni'r Iesu* (Aberdâr, 1907).

derfynau'r traddodiad diwygiedig y cafodd ei fagu ynddo. Meddai flwyddyn cyn iddo farw:

> Cefais fy magu mewn crediniaeth gref yn y Pum Pwnc Calfinaidd. Yr oeddwn yn eu credu pan ddechreuais bregethu, ac ni lwyr ollyngais fy ngafael ar bedwar ohonynt hyd ar ôl fy ordeiniad. Yr wyf yn parhau i ddal gafael mwy cadarn nag erioed mewn un o'r Pum Pwnc, ac yn arfaethu croesi afon angau i'r nefoedd mewn llawn feddiant ohono.[166]

Yr un pwnc hwnnw oedd dyfalwch Cristionogol neu barhad y saint mewn gras. Dyn penderfynol, ymroddgar a llwyr gysegredig i'w dasg oedd R.S.Thomas ac un o'r diwinyddion hynotaf a fagodd Cymru erioed. 'Yr hwn a barhao hyd y diwedd a fydd gadwedig'.

---

[166] Thomas, 'Ysbrydoliaeth llyfrau Moses: adolygiad ar lawlyfr D.Francis Roberts ar y Pumllyfr', t.22.

Mynegai

Adams, David	73, 88-9, 104
Aiken, Charles	17
Anselm o Gaer-gaint	71
Apolinaris	11, 48, 53
Arius	52
Arminius, Jacob	76
Athanasius	52
Briggs, Charles Augustus	30-1, 37, 41, 97
Butler, Joseph	8
Calfin, John	76, 79-81, 85
Calfiniaeth, gw. 'Pum Pwnc, Y'	
Campbell, J.McLeod	73-5
Cappadocia, Tadau	52
Chalcedon, Cyngor (451)	10, 48, 55, 62
Charles, James (Dinbych)	73
Coleridge, S.T.	40
Cyril o Alexandria	56
Daniel, J.E.	63-4, 89, 104
Darwin, Charles	71
Davies, Daniel (Ton)	79
Davies, David Charles	76
Davies, Evan (Abertawe)	2
Davies, Hugh (Pennsylvania)	23
Davies, John (Blakely)	5
Davies, Joseph (Scranton)	25
Dort, Synod (1618)	77
Edwards, Jonathan	13, 17
Edwards, Lewis	1, 10, 13, 26, 39, 43, 44, 50-1, 64, 76
Edwards, Thomas Charles	43, 44-7
Eutyches	11, 56
Evans, D.Tecwyn	96
Evans, Edward C.	20
Evans, Edward T.	29
Evans, Evan R.	20
Evans, John (Llannerch)	82

Evans, J.Richard   106
Evans, Llewelyn Ioan   16, 27, 29-41, 66, 96-7

Gill, Alexander   17
Green, William Henry   17

Harnack, Adolf von   92-3
Hegel, G.F.W.   89
Hodge, Archibald Alexander   2, 8, 17, 22, 26, 28, 33-4, 37, 41, 77, 105
Hodge, Charles   2, 17, 25, 26, 48, 63, 105
Hughes, Hugh (Warrior Run)   20, 94-5
Hume, David   58-9

Jeffreys, Dyffrynog   20
Jenkins, D.E. (Dinbych)   82
Jones, D.Cynddylan   1, 51, 82
Jones, Evan (Caernarfon)   79
Jones, Francis (Abergele)   79
Jones, J.R. (Pennsylvania)   20
Jones, J. Morgan (Bala-Bangor)   92-3
Jones, J. Morgan (Caerdydd)   79
Jones, J. Morgan (Merthyr)   82, 101
Jones, R.T. (Pen-llwyn)   20
Jones, R.Tudur   73

Kant, Immanuel   8, 41, 90

Luther, Martin   57-8

Machen, J.Gresham   105
Mansel, Henry Longueville   8
Maximus Gyffeswr   53, 56
McCosh, James   58, 59-61
Moffat, James   17
Morris, Edward Dafydd   16, 38

Neander, Johann August   11
Nestorius   11, 56
Nicea, Cyngor (325)   52

Origen   52
Oswy-Davies, Ivor   104-5
Owen, John (Morfa Nefyn)   87-8

Owen, Thomas (Efrog N'ydd)   19

Paul o Samosata   52
Pedr Lombard   56
Powell, H.C.   49-50
Pritchard, Hugh (Lerpwl)   20
Probert, Lewis   51
Prys, Owen   80
'Pum Pwnc, Y'   76-8, 105

Rees, Thomas (Ffynnon Taf)   2, 67
Reid, Thomas   59
Roberts, D.Francis   97-101
Roberts, J.Parry   20
Roberts, William (Bellevue)   5-6, 13-14, 64
Roberts, William Henry   6, 20

Rhys, Hugh (tad John Rhys)   94

Schleiermacher, F.D.E.   90
Smith, Henry Preserved   30, 37, 38, 43, 97
Speer, William   15

Theodore o Mopsuestia   52-3, 55-6
Thomas, Margaret (mam)   2
Thomas, Margaret (gwraig)   3, 21-2, 94, 102, 103
Thomas, Owen (Lerpwl)   76
Thomas, Thomas (tad)   2

Warfield, Benjamin B.   18, 33-4, 41, 45, 78, 82, 85-6
Williams, Daniel (Illinois)   20, 26
Williams, Evan (Merthyr)   2
Williams, W.Nantlais   104
Witherspoon, John   17